TOP **10**
ISTAMBUL

MELISSA SHALES

Porta da Felicidade, Palácio Topkapı; Banda Mehter; Mesquita Azul

Título original: *Top 10 Istanbul*

Publicado originalmente na Grã-Bretanha em 2007 pela Dorling Kindersley Limited, 80 Strand, WC2R 0RL, Londres, Inglaterra, uma empresa da Penguin Random House.

Copyright © 2007, 2015 Dorling Kindersley Limited
Copyright © 2015 Publifolha Editora Ltda.

Todos os direitos reservados. Nenhuma parte desta obra pode ser reproduzida, arquivada ou transmitida de nenhuma forma ou por nenhum meio sem a permissão expressa e por escrito da Publifolha Editora Ltda.

Proibida a comercialização fora do território brasileiro.

COORDENAÇÃO DE PROJETO: PUBLIFOLHA
EDITOR-ASSISTENTE: Lucas Verzola
COORDENADORA DE PRODUÇÃO GRÁFICA: Mariana Metidieri

PRODUÇÃO EDITORIAL: PÁGINA VIVA
TRADUÇÃO: Celso Nogueira
EDIÇÃO: Carlos Tranjan
REVISÃO: Andrea Souzedo e Pedro Ribeiro
DIAGRAMAÇÃO: Bianca Galante

Dados Internacionais de Catalogação na Publicação (CIP)
(Câmara Brasileira do Livro, SP, Brasil)

Shales, Meliss
DK Eyewitness Top 10 Travel Guide: Istanbul / Melissa Shales ;
[tradução Celso Nogueira]. – 2. ed. – São Paulo : Publifolha, 2015.
– (Guia top 10)

Título original: Top 10 Istanbul.
ISBN 978-85-7914-454-7

1. Istambul (Turquia) – Descrição e viagens – Guias I. Título. II. Série.

13-05398   CDD-914.96180439

Índices para catálogo sistemático:
1. Guias de viagem : Istambul : Turquia 914.96180439
2. Istambul : Turquia : Guias de viagem 914.96180439

Este livro segue as regras do Acordo Ortográfico da Língua Portuguesa (1990), em vigor desde 1º de janeiro de 2009.

Impresso na China.

PUBLIFOLHA
Divisão de Publicações do Grupo Folha
Al. Barão de Limeira, 401, 6ª andar
CEP 01202-900, São Paulo, SP
Tel.: (11) 3224-2186/2187/2197
www.publifolha.com.br

UM MUNDO DE IDEIAS
www.dk.com

Sumário

Top 10 Istambul

Palácio Topkapı	8
Basílica de Santa Sofia	12
Mesquita Azul	14
Museu Arqueológico	16
Grande Bazar	18
Mesquita de Suleiman	20
Ex-Igreja de São Salvador em Chora	22
Banhos de Çemberlitaş	24
Palácio Dolmabahçe	26
Passeio pelo Bósforo	28
Eventos Históricos	32
Museus e Galerias de Arte	34

*As listas Top 10 não estão em ordem de qualidade ou popularidade.
As 10 atrações, na opinião dos editores, são iguais em importância.*

Foi feito o possível para garantir que as informações deste livro fossem as mais atualizadas disponíveis até o momento da impressão. No entanto, alguns dados como telefones, preços, horários de funcionamento e informações de viagens estão sujeitos a mudanças. Os editores não podem se responsabilizar por qualquer consequência do uso deste guia nem garantir a validade das informações contidas nos sites indicados.

Os leitores interessados em fazer sugestões ou comunicar eventuais correções podem escrever para atendimento@publifolha.com.br

Capa – **DK Images:** Tony Souter be; **SuperStock:** age fotostock principal. Lombada – **DK Images:** Linda Whitwam b. Contracapa – **DK Images:** Tony Souter ae; Linda Whitwam ac; Francesca Yorke ad.

Grande Bazar; Palácio Dolmabahçe; Vista a partir da Mesquita de Suleiman

Sumário

Monumentos Bizantinos	36	Bairro dos Bazares e Eminönü	66
Locais de Culto	38	Chifre de Ouro, Fatih e Fener	72
Destaques Culinários	40	Beyoğlu	78
Mercados e Lojas	42	Bósforo	88
Tapetes Turcos	44	Istambul Asiática	94
Festivais e Eventos	46		
Atrações para Crianças	48	**Dicas de Viagem**	
Restaurantes	50	Planejamento	102
Excursões a Partir de Istambul	52	Onde Ficar	112
		Índice	118
Área por Área		Agradecimentos	125
Sultanahmet e Cidade Velha	56	Frases	126
		Guia de Ruas	128

Mosaico Deësis, Galeria Sul, Basílica de Santa Sofia; Fortaleza da Ásia

TOP 10 ISTAMBUL

Destaques
6-7

Palácio Topkapı
8-11

Basílica de Santa Sofia
12-3

Mesquita Azul
14-5

Museu Arqueológico
16-7

Grande Bazar
18-9

Mesquita de Suleiman
20-1

Ex-Igreja de São Salvador em Chora
22-3

Banhos de Çemberlitaş
24-5

Palácio Dolmabahçe
26-7

Passeio pelo Bósforo
28-9

Top 10 de Tudo
32-53

TOP 10 **Destaques**

Istambul, uma das cidades mais formidáveis do mundo, habitada há pelo menos 8 mil anos, serviu de capital a dois impérios hegemônicos em suas respectivas épocas, o Bizantino e o Otomano. Nela, tropeça-se na história a cada passo. O fácil acesso aos pontos turísticos permite conhecer as principais atrações logo nos primeiros dias. Depois disso o leque de opções se amplia imensamente, pois a metrópole milenar se reinventou mais uma vez, tornando-se também um centro moderno de vida noturna, gastronomia e compras. Encantadora, a cidade sempre recompensa com novidades inesperadas o visitante que retorna.

Palácio Topkapı
Construído para abrigar o sultão, suas diversas espo sas, centenas de concubina e milhares de servidores, o Palácio Topkapı não servia apenas de residência real: era o centro do governo do Império Otomano *(pp. 8-11)*.

Basílica de Santa Sofia
Emblemática dentre as igrejas cristãs, a Basílica de Santa Sofia, com 1.500 anos, é um verdadeiro milagre da arquitetura e engenharia, tendo sobrevivido a incêndios, guerras e terremotos, bem como a dois impérios *(pp. 12-3)*.

Mesquita Azul
A mesquita do sultão Ahmet I, uma das edificações sagradas mais famosas do mundo, deve seu nome aos requintados azulejos de İznik (antiga Niceia) que lhe adornam o interior *(pp. 14-5)*.

Museu Arqueológico
A coleção nacional turca, que notavelmente foi iniciada apenas em meados do século XIX, inclui tesouros ancestrais do amplo Império Otomano e de regiões mais distantes. Entre os destaques do museu estão artefatos de Babilônia, Síria, Egito, Grécia, Roma e Pérsia *(pp. 16-7)*.

Grande Bazar
Desde a reforma, o Grande Bazar ficou mais parecido com um grande shopping a céu aberto do que com um mercado tradicional. Mas o bazar segue sendo um delírio consumista colorido, uma festa para os olhos. Há tapetes Hereke e pantufas de seda na extremidade ocidental da rua da Seda *(pp. 18-9)*.

Nas páginas anteriores, **vista da Mesquita Azul**

Top 10 Istambul

6 Mesquita de Suleiman
O grande sultão otomano Suleiman I e o arquiteto mais talentoso do império, Sinan, projetaram juntos mais de 400 edifícios. A imponente mesquita foi a obra-prima deles *(pp. 20-1)*.

7 Ex-Igreja de São Salvador em Chora
Com mais de cem belos mosaicos e afrescos do século XIV, representando cenas bíblicas, a ex-igreja é um dos maiores tesouros da Istambul bizantina *(pp. 22-3)*.

8 Banhos de Çemberlitaş
A perfeita maneira de se recuperar do excesso de atrações de Istambul pode ser o repouso sob a cúpula de mármore de um banho turco tradicional, seguido pela massagem nos pés doloridos. Uma experiência cultural revigorante, purificadora *(pp. 24-5)*.

10 Passeio pelo Bósforo
Desfrute um fabuloso dia de lazer no passeio de barco pelo Bósforo. Ar limpo, viagem calma e, acima de tudo, atrações que podem ser apreciadas do convés, com um belo almoço no final *(pp. 28-9)*.

9 Palácio Dolmabahçe
Esse delírio ocidental do século XIX foi uma das causas da queda do Império Otomano. O sultão Abdül Mecit decidiu construir um palácio opulento ao estilo europeu e exauriu o Tesouro, o que o obrigou a fazer empréstimos no exterior *(pp. 26-7)*.

Palácio Topkapı

Mehmet II construiu o Topkapı Sarayı entre 1460 e 78 para ser sua residência principal, logo após a conquista de Constantinopla. Ele projetou uma série de pavilhões em quatro pátios, como homenagem em pedra aos acampamentos de seus antepassados nômades. O palácio servia, também, como sede do governo e abrigava um centro de treinamento para funcionários e soldados. No século XVI o governo passou para a Porta Sublime, em frente, e o Palácio Topkapı continuou sendo a moradia do sultão até a mudança para o Palácio Dolmabahçe, em 1856, feita por Abdül Mecit I.

Porta Imperial

Destaques
1. Porta Imperial
2. Primeiro Pátio
3. Harém
4. Porta das Saudações
5. Cozinhas
6. Sala do Trono
7. Terceiro Pátio
8. Vestíbulo Imperial
9. Tesouro
10. Sofá Imperial

- Compre o ingresso para o Harém ao chegar e veja o restante do palácio enquanto espera a hora de entrar.

- Há um restaurante, Karakol (0212) 514 94 94, no primeiro pátio e outro no quarto, o ótimo Konyalı, belo lugar para conhecer a cozinha cortesã otomana, embora sempre cheio. Faça reserva com alguma antecedência, (0212) 513 96 96.

- Babıhümayun Cad
- Mapa S3
- (0212) 512 04 80
- Aberto 9h-16h45 (18h45 no verão) qua-seg
- 30 TL mais um extra de 15 TL para a visita ao Harém e 20 TL para Haghia Eirene (ingressos à venda no quiosque da entrada do Harém)
- www.topkapisarayi.gov.tr

1 Porta Imperial (Bâb-ı Hümayun)
De 1478, a porta *(acima, à esq.)* fica na entrada principal do palácio, com alojamentos para os guardas nos dois lados. Um apartamento que pertencia a Mehmet II, em cima do portão, foi destruído por um incêndio em 1866.

2 Primeiro Pátio (Alay Meydanı)
O amplo pátio externo do Palácio Topkapı engloba o Parque Gülhane e desce até o bairro de Sirkeci, incluindo a igreja de Haghia Eirene (Aya Irini Kilisesi), as casas de madeira da Soğukçeşme Sokağı e o imponente Museu Arqueológico.

3 Harém
É indispensável fazer a visita guiada pelo labirinto de quartos e corredores do Harém, um universo fechado exclusivo das esposas, concubinas e filhos do sultão.

4 Porta das Saudações (Bâb-üs Selâm)
Nesse rebuscado portão de 1524 *(à esq.)*, visitantes eram recebidos e altos funcionários que desagradavam o sultão eram presos e decapitados. A porta conduz ao Segundo Pátio (Divan Meydanı), onde o Tesouro mantém atualmente uma magnífica coleção de armas e armaduras.

Não perca a fascinante – e inestimável – coleção de miniaturas e manuscritos, em exposição ao lado do Tesouro

5 Cozinhas

As enormes cozinhas atendiam até mil pessoas por dia. Hoje exibem uma coleção maravilhosa de cerâmicas, cristais e prataria, incluindo a porcelana Celadon chinesa, a preferida dos primeiros sultões, por supostamente mudar de cor quando em contato com veneno.

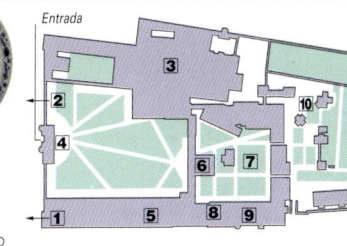

6 Sala do Trono (Arz Odası)

Na Sala do Trono *(à dir.)*, o sultão consultava ministros e governadores e recebia embaixadores e outros dignitários, além de realizar eventos formais restritos.

7 Terceiro Pátio (Enderûn Meydanı)

O Portão da Felicidade (Bâb-üş Saade) conduz ao Terceiro Pátio, que contém os aposentos particulares do sultão e dos eunucos brancos do Harém.

8 Vestíbulo Imperial (Seferli Koğuşu)

Apropriadamente, o vestíbulo Imperial tornou-se a sede do museu das vestimentas, com uma suntuosa coleção de 3 mil trajes reais de ricos bordados *(acima)*.

Relíquias Religiosas

O Pavilhão do Manto Sagrado (Hasoda Koğuşu) contém relíquias sagradas do islã. Destacam-se itens como alguns pelos da barba do Profeta, um de seus dentes, duas espadas e o estandarte sagrado que usava nas campanhas militares. A relíquia mais importante é o Manto Sagrado, capa de pelo de camelo que o Profeta deu a um poeta. A peça é exibida uma vez por ano a altos funcionários e mergulhada na água; as gotas que caem quando a espremem servem de talismã contra a peste.

9 Tesouro (Hazine Koğuşu)

Destacam-se no Tesouro a adaga de Topkapı, incrustada com pedras preciosas *(abaixo)*, e o impressionante diamante do colhereiro, de 86 quilates, parte da maior coleção de joias já reunida, capaz de rivalizar com o tesouro de Aladim.

10 Sofá Imperial (Sofa-ı-Hümayun)

O Sofá Imperial servia para descansar, e os jardins cercavam pavilhões construídos por vários sultões. O mais requintado é o Pavilhão Bagdá (Bağdat Köşkü), erguido por Murat IV em 1639 para celebrar a captura da cidade de Bagdá, no ano anterior.

O Pavilhão do Manto Sagrado, ou Terceiro Pátio, é um local de peregrinação importante – deve ser encarado com respeito

Top 10 Istambul

Banhos Imperiais; Salão da Válide do Sultão; Salão Imperial

Destaques do Harém do Topkapı

1 Alojamentos dos Eunucos Negros
Além do sultão e de seus filhos, os únicos homens que entravam no Harém eram os eunucos negros, cerca de 200 escravos do Sudão e da Etiópia. Seus alojamentos situam-se na lateral do Pátio dos Eunucos Negros, que tem galeria com colunas de mármore.

2 Pátio das Concubinas
O pátio com peristilo, ao lado dos Banhos do Harém, comportava até 300 concubinas.

3 Gaiola Dourada
Mehmet III tornou-se sultão em 1595, após o assassinato de dezoito de seus dezenove irmãos. Depois desse acontecimento, os herdeiros do trono passaram a ser mantidos em uma "gaiola dourada", área segura do Harém, até assumirem o poder. Como resultado, muitos eram fracos, mentalmente instáveis e despreparados para exercer o governo.

Detalhe, Gaiola Dourada

4 Salão da Válide do Sultão
A válide do sultão (sultana-mãe), como mulher mais poderosa do palácio, ocupava os aposentos mais luxuosos do Harém.

5 Aposentos do Sultão
O sultão passava grande parte de seu tempo livre na suíte do Harém. São imperdíveis o quarto dourado do sultão Abdül Hamit I (1774-89), o Salão de Murat III (1574-95) e o belíssimo Salão das Frutas (p. 58).

6 Banhos Imperiais
Um ao lado do outro, no centro do conjunto, encontram-se os banhos do sultão e da sultana-mãe, ambos elegantemente revestidos de mármore.

7 Salão Imperial
No Salão Imperial o sultão recebia os amigos íntimos. Embora situado no Harém, só algumas mulheres – a mãe do sultão, a primeira esposa, as favoritas e as filhas – podiam entrar.

8 Aposentos das Favoritas
Haseki (favoritas) que davam à luz recebiam apartamentos privados e a liberdade (se fossem escravas). Depois da morte do sultão, as que haviam tido apenas filhas se casavam e deixavam o Harém, ou se mudavam para o palácio antigo. As que haviam dado à luz filhos permaneciam no palácio.

Pátio dos Eunucos Negros

Reserve ao menos uma hora para explorar a complexa rede de salas que formam o Harém

Aposentos das Esposas

9 As esposas do sultão (pela lei islâmica, ele podia ter até quatro) também viviam em aposentos privativos. Embora ocupassem formalmente o topo da hierarquia no Harém, na prática o poder se concentrava nas mãos das favoritas e da sultana-mãe. Ocasionalmente o sultão se casava com uma concubina, como no caso de Suleiman I, que desposou sua amada Roxelana (Haseki Hürrem, em turco). Era comum que as esposas fossem negociadas em transações políticas.

Caminho Dourado

10 A passagem, comprida e escura, recebe esse nome porque nela os sultões espalhavam moedas de ouro para os membros do Harém nas datas festivas.

Mulheres Otomanas

1. Sultana Hafsa (mãe de Suleiman I)
2. Roxelana (esposa de Suleiman I)
3. Sultana Nur Banu (esposa de Selim II, nora de Suleiman)
4. Mihrimah (filha de Suleiman I, esposa do grão-vizir Rüstem Paşa)
5. Sultana Safiye (mãe de Mehmet III)
6. Sultana Handan (esposa de Mehmet III)
7. Sultana Kösem (esposa de Ahmet I)
8. Sultana Turhan Hatice (mãe de Mehmet IV)
9. Sultana Nakşidil (mãe de Mahmut II)
10. Bezmialem (esposa de Mahmut II, mãe de Abdül Mecit I)

A Vida no Harém

A vida atrás das portas do Harém era bem menos excitante do que descreveram os deslumbrados comentaristas europeus do século XIX. Sem dúvida as intrigas abundavam, e a mulher que caísse nas graças do sultão, tornando-se favorita, podia satisfazer o gosto pelo conforto luxuoso e pelos presentes caros; mas a vida diária da maioria era simples, pouco mais que rotineira. O Harém mais parecia casa de família e escola de moças do que antro do prazer. Dos mil e tantos ocupantes, mais de dois terços eram serventes e crianças da corte, enquanto as concubinas – que em geral chegavam com idades entre 5 e 12 anos – passavam anos em dormitórios, submetidas a rigoroso aprendizado antes de serem apresentadas ao sultão.

A sultana favorita, de Etienne Jeaurat, uma visão europeia da vida no Harém

Roxelana

A palavra "harém" deriva do termo árabe harām ("proibido")

Basílica de Santa Sofia

Haghia Sophia, a Igreja da Sabedoria Sagrada (Ayasofya, em turco), exprime a fé religiosa de modo assombroso. Essa maravilha arquitetônica foi construída no local de uma igreja destruída pelo fogo em 404 e, depois, no lugar de outra, derrubada durante a Revolta de Nika, em 532. A terceira, inaugurada pelo imperador Justiniano em 537, permanece até hoje, apesar de incontáveis guerras e terremotos, a proclamar a fé de seus criadores. Convertida em mesquita em 1453, a Basílica de Santa Sofia é um museu desde 1935.

Balcão do Sultão

Destaques

1. Exterior
2. Galerias
3. Pilar Milagroso
4. Colunas
5. Nártex
6. Praça da Coroação
7. Elementos Islâmicos
8. Nave
9. Cúpula
10. Museu do Tapete

- Vale a pena voltar para uma nova visita, à noite, e ver a Basílica de Santa Sofia e a Mesquita Azul iluminadas.

- Bebidas não são vendidas no local, mas há várias opções a poucos minutos de caminhada, na praça Sultanahmet e na Divanyolu Caddesi.

- Sultanahmet Meydanı
- Mapa R4
- (0212) 522 17 50
- Aberto 9h-18h ter-dom no verão, 9h-16h ter-dom no inverno
- Entrada 30 TL
- www.ayasofyamuzesi.gov.tr

1 Exterior
As grossas muralhas vermelhas com semidomos voltados para a imensa cúpula central são assim desde o século VI, exceto pelos contrafortes erguidos para reforçar a estrutura, o que obscurece parcialmente a forma original.

2 Galerias
As mulheres usavam as galerias para orar. Há mosaicos esplêndidos na galeria sul: não perca o do Cristo Pantocrátor (o Todo-Poderoso), com a Virgem Maria e João Batista, e o da Virgem segurando Cristo, ladeada pelo imperador João II Comneno e a imperatriz Irene *(abaixo)*.

3 Pilar Milagroso
O imperador Justiniano encostou a testa no pilar de pedra *(acima)* e foi curado na hora. Desde então, os visitantes fazem fila para tocar o ponto milagroso.

4 Colunas
Os bizantinos abusavam da pilhagem, e muitas colunas da Basílica de Santa Sofia foram tiradas de templos pagãos.

Dois matemáticos gregos, Isidoro de Mileto e Antêmio de Trales, projetaram a Basílica de Santa Sofia

Nártex
Portas conduzem à nave, a partir do nártex; a maior delas, a Porta Imperial, no centro, era reservada ao imperador e ao patriarca. No canto sul, acima da porta que dá para o Vestíbulo dos Guerreiros, localiza-se o maravilhoso mosaico de Constantino e Justiniano, que oferecem a cidade e a igreja ao Menino Jesus *(acima)*.

Praça da Coroação
Situado perto do *minbar* (púlpito para celebrar o sermão de sexta-feira), o local do trono do imperador está marcado por um quadrado de mármore decorado. No período bizantino, aquele era considerado o centro do mundo (ônfalo).

Elementos Islâmicos
A conversão da igreja em mesquita começou em 1453. Os mosaicos, rebocados, foram redescobertos apenas na década de 1930. O sultão Murat III acrescentou o *mihrab* (nicho de oração) e o *minbar* (p. 15) no século XVI. Veja os medalhões caligráficos *(acima)*, na base da cúpula.

Nave
Quando se entra na nave *(abaixo)*, o assombro vem do espaço imenso sob a cúpula. Esta se apoia sobre quatro arcos que saem dos fabulosos pilares de mármore, que emolduram os peristilos duplos nas extremidades.

Cúpula
O domo de 32m de diâmetro ergue-se 56m acima do solo. Sustentado por 40 vigas feitas de tijolos ocos leves especiais, foi e permanece sendo um milagre da engenharia. O projeto original, destruído por um terremoto 21 anos depois da construção, em 1558, era ainda mais ambicioso.

Museu do Tapete (Vakıflar Halı Müzesi)
Atrás da Haghia Sophia, a antiga cozinha da sopa hoje abriga alguns dos tapetes de mesquita mais antigos e refinados.

Rostos Trocados
Na última ala da galeria sul, na parede leste, está o mosaico de Cristo com o imperador Constantino IX Monômaco e a imperatriz Zoë. Pouca dúvida resta sobre a alteração na cabeça do imperador. Os historiadores acreditam que o retratado inicial seria Romano III Argiro, primeiro marido de Zoë, trocado após sua morte em 1034 pelo segundo marido, Miguel IV, que faleceu em 1041. A última efígie, de Constantino, o terceiro marido, permaneceu.

Top 10 Istambul

Mesquita Azul

Quando tinha apenas 19 anos o sultão Ahmet I ordenou a construção da magnífica mesquita, chamada em turco de Sultanahmet Camii. Tamanho era seu entusiasmo pelo projeto que ele chegou a trabalhar ao lado dos operários. Com ajuda de seu arquiteto, Sedefkar Mehmet Ağa, Ahmet I pretendia superar a Mesquita de Suleiman (obra do mestre de Ağa, Sinan) e a Basílica de Santa Sofia. O resultado do esforço, encerrado em 1616, foi uma das mesquitas mais elogiadas do mundo, conhecida como Mesquita Azul por causa dos azulejos de İznik que decoram seu interior.

Momento de oração

Destaques
1. Localização
2. Entrada
3. Cúpulas
4. Minaretes
5. Fonte das Abluções
6. Pátio
7. Azulejos
8. Minbar e Mihrab
9. Balcão do Sultão
10. Tapetes

Para evitar os períodos de oração, visite a mesquita de manhã bem cedo ou no meio da tarde.

Não há lanchonete dentro do conjunto, mas a praça Sultanahmet, a Divanyolu Caddesi e o Bazar de Arasta oferecem boa variedade de comidas e bebidas.

- Sultanahmet Meydanı
- Mapa R5
- (0212) 458 49 83
- Aberto 9h-19h diariam, exceto durante as preces
- Doações

Localização
Para enfatizar a supremacia do islã sobre a Bizâncio cristã, a Mesquita Azul foi erguida na frente da Basílica de Santa Sofia *(acima)*, no local de um palácio real bizantino.

Entrada
A monumental entrada principal da Mesquita Azul raramente é usada. Na lateral do pátio encontram-se acessos separados para fiéis e turistas.

Cúpulas
Semicúpulas *(à dir.)* rodeiam a cúpula principal, que tem 23,5m de diâmetro e 43m de altura, sendo suportada por gigantescos pilares com 5m de diâmetro.

Minaretes
Diz a lenda que um sultão pediu um minarete com ouro *(altın)*, mas o arquiteto entendeu seis *(alti)* minaretes. O sultão gostou do resultado, pois nenhuma outra mesquita, fora a de Meca, exibia seis dessas torres altas e esguias.

A mesquita é linda a qualquer momento, mas fica especialmente bela quando é iluminada à noite

Fonte das Abluções
A fonte (à esq.), no centro do pátio da mesquita, deixou de ser empregada nas abluções rituais. Os fiéis usam torneiras na parte externa do pátio. Lavar rosto, braços, pescoço, pés, boca e nariz faz parte do ato de orar.

Pátio
O pátio enorme, revestido de mármore da ilha de Mármara, tem as mesmas dimensões do salão interno. Aprecie a esplêndida vista da cascata de cúpulas e semicúpulas da mesquita.

Azulejos
A maior parte dos azulejos de İznik, em tons azulados (acima), fica no alto das paredes internas, o que impede que os detalhes sejam apreciados. Há 20.143 azulejos em 70 estilos – os artesãos de İznik sofreram pressões terríveis no serviço, tanto que o sultão proibiu qualquer encomenda de azulejos até que seu projeto estivesse concluído.

Azulejos de İznik
A produção cerâmica em İznik começou durante a era bizantina. No início, as peças baseavam-se em modelos chineses. Os motivos árabes foram acrescentados por Şah Kulu, um dos dezesseis artistas que o sultão Selim I (1512-20) foi buscar em Tabriz. O turquesa foi acrescentado ao azul e ao branco tradicionais nos anos 1530. Outras cores, como roxo, verde e vermelho-coral, só surgiram vinte anos depois. O mestre Kara Memi introduziu os desenhos florais espiralados, e na época em que Ahmet I encomendou os azulejos da Mesquita Azul o estilo de İznik estava consagrado.

Minbar e Mihrab
Na frente da mesquita ficam o minbar (à esq.), púlpito do qual os imãs pronunciam sermões, e o mihrab (abaixo), nicho de oração que aponta na direção de Meca.

Balcão do Sultão
Do lado esquerdo do mihrab situa-se a galeria fechada em que o sultão rezava, com teto ornado por arabescos.

Tapetes
O interior é coberto de tapetes modernos. As mesquitas sempre tiveram tapetes para apoio dos joelhos e da testa durante as orações.

 Veja mais sobre etiqueta islâmica na **p. 39**

TOP 10 Museu Arqueológico

A coleção nacional de um dos países mais antigos e instigantes do mundo promete ser especial – e esse fabuloso museu não decepciona. Encontra-se um acervo de primeira classe, abrangendo 5 mil anos de civilização, na instituição fundada em 1881 pelo pintor Osman Hamdi Bey, filho de um grão-vizir, estimulado pela constatação de que muitos arqueólogos e caçadores de tesouros europeus estavam levando boa parte da herança do império. Há três seções: o museu principal, o Pavilhão Azulejado (Çinili Köşk) e o Museu do Antigo Oriente.

Fachada

⚠ Algumas galerias podem estar fechadas por falta de pessoal.

🍴 Um quiosque rudimentar serve bebidas no local.

- *Osman Hamdi Bey Yokuşu, Topkapı Sarayı, Gülhane*
- *Mapa S3*
- *(0212) 520 77 40*
- *Aberto 9h-18h ter-dom*
- *Entrada 15 TL*
- *www.istanbularkeoloji.gov.tr*

Destaques
1. Sarcófagos de Sídon
2. Sarcófago de Alexandre
3. Portão de Ishtar
4. Esfinge de Hattuşa
5. Leão de Halicarnasso
6. Tratado de Kadesh
7. Museu do Antigo Oriente
8. Pavilhão Azulejado
9. İstambul Através dos Tempos
10. Galeria da Anatólia e de Troia

1 Sarcófagos de Sídon
Osman Hamdi Bey descobriu esse grupo admirável de sarcófagos dos séculos V e IV a.C. *(abaixo)* em Sídon (atual Líbano), em 1887.

2 Sarcófago de Alexandre
O friso em alto-relevo mostra cenas da vitória de Alexandre contra os persas, mas o Sarcófago de Alexandre, do final do século IV a.C., é na verdade o túmulo do rei Abdalônimo de Sídon (morto em c. 312 a.C.). Restam apenas traços esmaecidos das cores fortes que antes o enfeitavam.

3 Portão de Ishtar
O Portão de Ishtar, construído pelo rei Nabucodonosor II em 575 a.C., era decorado com mosaicos de cerâmica que mostravam dragões e touros *(imagem principal)*. No caminho através do portão enfileiravam-se 120 leões.

4 Esfinge de Hattuşa
O enigmático felino de pedra do século XIII a.C. foi descoberto na grande cidade hitita de Hattuşa (Boğazkale), na Anatólia.

5 Leão de Halicarnasso
O túmulo do rei Mausolus era uma das sete maravilhas da Antiguidade. O leão *(à esq.)* está entre as relíquias remanescentes.

O túmulo de Mausolus era tão magnífico que seu nome passou à posteridade na palavra "mausoléu"

Tratado de Kadesh

O tratado de paz mais antigo do mundo a chegar até nós *(abaixo)*, entalhado na pedra em 1269 a.C., foi feito entre o faraó egípcio Ramsés II e o rei hitita Muwatalli, após batalha travada na atual Síria. Estabelece os termos da paz e garante o retorno dos refugiados em segurança.

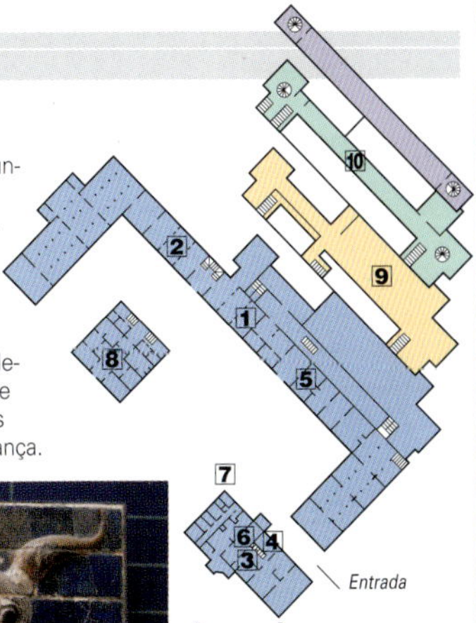

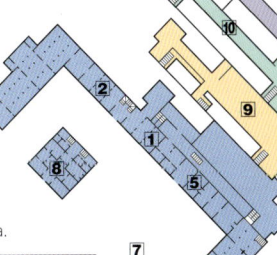

Legenda
- Terceiro andar
- Segundo andar
- Primeiro andar
- Térreo

Museu do Antigo Oriente

A seção apresenta peças mesopotâmicas bem preservadas, inclusive uma das primeiras amostras de texto – tabuletas com escrita cuneiforme de 2700 a.C.

Pavilhão Azulejado

Erguido em 1472 para esportes, é o prédio secular mais antigo de Istambul *(à dir.)*. Obra-prima em azulejos de Íznik, o pavilhão relata a história da cerâmica turca, com peças de Íznik e Kutahya.

Galeria da Anatólia e de Troia

Milênios de história foram registrados com criatividade na extensa galeria. De um lado, a viagem pela Anatólia, da Era Paleolítica à Idade do Ferro. Na outra parede, Troia é retratada de 3000 a.C. ao primeiro século da nossa era.

Istambul Através dos Tempos

Essa bem-pensada exposição dá uma visão fascinante da cidade, com mapas, plantas e desenhos, além de antiguidades como o sino da Torre de Gálata, do século XIV.

Recepção à Antiga

Os visitantes são recebidos por um sortimento eclético de artefatos arqueológicos. No saguão de entrada do museu principal há uma estátua do deus egípcio Bes. Enfeitam o pé da escadaria para o Museu do Antigo Oriente dois leões de basalto de Samal, do século VIII a.C. Fora do museu principal há os sarcófagos de alabastro, supostamente de imperadores bizantinos. O pórtico se inspirou no Sarcófago das Mulheres Enlutadas, do século IV a.C.

Vale a pena visitar também as galerias dedicadas a Bizâncio, Chipre e Síria-Palestina. A ala nova abriga o Museu da Criança.

Grande Bazar

Dos arcos coloridos às luminárias das vitrines que exibem tapetes ou montes de especiarias, o Kapalı Çarşı simboliza a fantástica opulência oriental. Fundado em 1461 pelo sultão Mehmet II, o bazar servia de centro comercial do império. Além de lojas, bancos, armazéns e cafés, tinha acomodação para viajantes, banhos, mesquitas e uma escola. Destruído em várias ocasiões por incêndios e terremotos, voltou sempre. Oferece um dia de passeio encantador, embora potencialmente caro.

Entrada do Bazar Antigo

- Os hotéis, a escola e os banhos que faziam parte do bazar foram desativados; hoje há delegacia de polícia, caixas eletrônicos, banheiros públicos e outras conveniências, para alegria dos visitantes.

- O mercado abriga uma série de cafés e casas de chá pequenas, além de boas bancas de kebab, alguns restaurantes e cafés elegantes.

- Mapa N3
- Aberto 9h-19h seg-sáb (a feira de rua no entorno abre até mais tarde e no dom)
- Grátis
- www.grandbazaristanbul.org.tr

Destaques

1. İç Bedesten
2. Rua dos Joalheiros
3. Vendedores de Tapetes
4. Bancas Externas
5. Nomes de Ruas
6. Fontes
7. Sandal Bedesten
8. Portões
9. Zincirli Han
10. Valide Han

1 İç Bedesten

Primeiro edifício do bazar, a estrutura bizantina passou em 1461 a abrigar um centro de comércio de joias e leilão de escravos. Atualmente vende preciosidades como ícones raros e antiguidades.

2 Rua dos Joalheiros (Kalpakçılar Caddesi)

A rua mais larga do bazar começa na ponta sul e, nas vitrines, exibe montanhas de joias e artigos de metais preciosos. Cerca de 100 toneladas de ouro são comercializadas no bazar anualmente. As joias são vendidas por peso, com um pequeno acréscimo para o ourives.

3 Vendedores de Tapetes

O bazar abriga os melhores mercadores de Istambul, além de comerciantes menores que podem vender passadeiras, ou tapetes laterais de cama. As lojas concentram-se perto do İç Bedesten, na Halıcılar Caddesi.

Veja mais sobre compras nas pp. 42-3 e mais sobre tapetes nas pp. 44-5

4 Bancas Externas
Em volta do mercado coberto há um labirinto de ruelas com bancas de tapetes, lembranças, roupas e alimentos. Os moradores fazem suas compras nesse local.

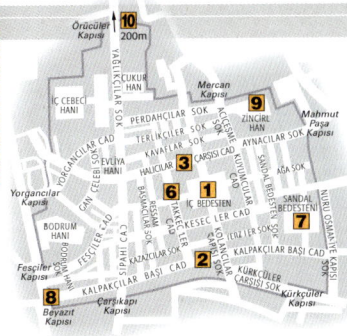

5 Nomes de Ruas
Antigamente, cada parte do bazar era dedicada a uma especialidade, indicada no nome da rua. Procure *terlikçiler* (calçados típicos), *aynacılar* (espelhos), *fesçiler* (fez), *yorgancılar* (saias masculinas), *kazazcılar* (sedas) e *kürkçüler* (peles).

6 Fontes
Duas fontes de mármore e cobre forneciam água potável aos mercadores antes da instalação do encanamento moderno. Segundo um levantamento de 1880, havia ainda dezesseis pontos de água, uma fonte com reservatório e oito poços para os bombeiros.

7 Sandal Bedesten
No canto sudeste do bazar fica o Sandal Bedesten, estrutura do século XV com vinte abóbadas de tijolo sobre pilastras, antigo mercado de antiguidades.

8 Portões
Por todas as direções, 22 portões conduzem ao bazar coberto. O portão Beyazıt, restaurado após o terremoto de 1894, ostenta a *tughra* (selo imperial) do sultão Abdül Hamit II, bem como a ditosa inscrição "Deus ama os mercadores".

9 Zincirli Han
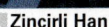
Os *hans* providenciavam acomodação, comida e estábulos para os comerciantes de longe. Esse é o mais antigo dos 40 na área. Restaurado com capricho, hoje é ocupado por Şişko Osman, importante mercador de tapetes.

10 Valide Han

Localizado na Mahmutpaşa Yokuşu, esse prédio enorme, construído em 1651, está muito negligenciado. Hoje funciona como uma mistura de residências e oficinas.

Fatos e Números
O Grande Bazar é uma das maiores construções do mundo: contém um emaranhado de 61 ruas cobertas, num total de 307 mil m². Todos os dias passam pelo mercado cerca de 30 mil comerciantes de 4.500 lojas, que barganham com 400 mil compradores, tanto locais quanto de outras partes do mundo. O mercado coberto mais antigo do mundo, o Grande Bazar, opera desde 1461.

Os táxis das imediações do Grande Bazar, mal-afamados, chegam a cobrar até dez vezes o preço normal da corrida (p. 104)

Mesquita de Suleiman

Uma das criações mais belas de Sinan, maior arquiteto do Império Otomano, a Süleymaniye Camii foi construída para o sultão Suleiman I, o Magnífico, em 1550-57. O soberano erigiu essa imponente mesquita no alto de uma colina, como local de oração e filantropia (külliye). O vasto conjunto incluía madraçais (escolas islâmicas), hamam (banhos), hospital e caravançará (estalagem para caravanas). A cúpula e os minaretes dominam a paisagem no alto, reafirmando o poder imperial também com a caligrafia delicada, os vitrais e os entalhes que lhe dão leveza. Suleiman e a esposa Roxelana foram enterrados no pátio.

O exterior da mesquita

Destaques
1. Túmulo de Sinan
2. Túmulo de Suleiman
3. Interior da Mesquita
4. Pátio
5. Madraçais
6. Beco dos Viciados
7. İmaret
8. Hamam
9. Caravançará
10. Vistas

- Reserve tempo para admirar algumas das casas de madeira restauradas nas ruas próximas.

- Entre as diversas opções destacam-se o restaurante Darüzziyafe (p. 71) nas antigas cozinhas de sopa, o Café Lalezar ou os cafés enfileirados na calçada em frente à entrada principal.

- Prof Siddık Sami Onar Caddesi
- Mapa M2
- (0212) 522 02 98
- Aberto 9h-19h diariam (fecha para oração); Túmulo de Suleiman, 9h30-16h30; o hamam abre 7h-24h diariam
- Grátis (entrada paga para o hamam)

Túmulo de Sinan
Sinan projetou para si um mausoléu triangular no local da casa onde morou durante a construção da mesquita, no canto noroeste do conjunto. Túmulo modesto para o talento prodigioso do maior arquiteto de Istambul.

Túmulo de Suleiman
O sultão Suleiman I repousa num túmulo grandioso e decorado, no jardim *(acima)*, com porta de ébano, madrepérola e marfim. A abóbada é enfeitada com estrelinhas de cerâmica.

Interior da Mesquita
A parte interna *(acima)*, simples e serena, tem abóbada em azul, branco e dourado, com 200 vitrais. O *mihrab* e o púlpito são de mármore decorado com azulejos de İznik.

Pátio
O pátio principal *(acima)* possui galeria sustentada por colunas egípcias rosadas de pórfiro e pedra de Mármara, provavelmente recicladas das colunas do Hipódromo.

→ *Depois de visitar o túmulo de Suleiman, olhe o da esposa do sultão, Roxelana, uma das mulheres mais interessantes da história turca*

Madraçais
Duas das seis madraçais, antes parte da escola religiosa imperial, hoje abrigam a biblioteca de Suleiman, com 110 mil manuscritos, inacessíveis ao público atualmente.

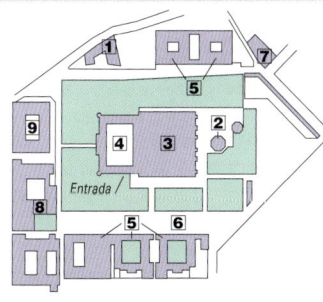

Beco dos Viciados
Os cafés do Beco dos Viciados *(acima)* – cujo nome oficial é Prof Sıddık Sami Onar Caddesi – vendiam ópio e haxixe. Os cafés continuam lá, mas só oferecem tabaco para fumar no narguilé.

İmaret
As cozinhas da mesquita não atendiam apenas trabalhadores, estudantes, professores e religiosos do conjunto. A das sopas servia até mil pessoas por dia.

Hamam
O *hamam* da mesquita é uma casa de banhos mista, ótima para famílias. Assusta um pouco os visitantes, pois a todos oferece seguro de vida durante o banho!

Caravançará
A mesquita tinha caravançará completo, onde os visitantes podiam se alimentar e se hospedar, além de abrigar os animais.

Vistas
Os jardins nos terraços externos do conjunto oferecem linda vista do Chifre de Ouro e da Torre de Gálata *(abaixo)*.

Sinan
O incomparável Mimar Sinan, construtor de 146 mesquitas e 300 outros edifícios, não teve formação de arquiteto. Nascido em 1489, de família cristã, foi convocado para a tropa de elite do sultão, os janízaros. Promovido a comandante do Corpo de Cadetes de Infantaria, responsável pelas obras de engenharia, foi nomeado Arquiteto da Morada da Felicidade por Suleiman, em 1536. Sinan considerava a Mesquita Selimiye, em Edirne *(p. 53)*, sua obra-prima.

Suba até a galeria no canto sudeste para apreciar um dos melhores panoramas de Istambul

Ex-Igreja de São Salvador em Chora

A Ex-Igreja de São Salvador em Chora abriga uma das melhores coleções de arte bizantina: mais de cem mosaicos e afrescos magníficos, com imagens bíblicas, encomendados entre 1315 e 1321 por Teodoro Metoquita, estadista bizantino que restaurou a igreja do século XI no mesmo local. A igreja virou mesquita em 1511, e os moradores a chamam de Mesquita Kariye (Kariye Camii). As obras de arte permaneceram ocultas até sua redescoberta, em 1860. A restauração começou em 1948.

Vista da ex-igreja

- Permite-se fotografar, mas apenas sem flash. Isso torna praticamente impossível obter boas imagens sem usar um tripé.

- O restaurante Asitane, agradável café ao ar livre, é um dos melhores lugares para saborear a cozinha tradicional otomana em Istambul.

- Kariye Camii Sok, Kariye Meydanı, Edirnekapı
- Mapa B2
- (0212) 631 92 41
- Aberto 9h-16h30 (18h no verão) qui-ter
- Entrada 15 TL

Destaques

1. Exterior
2. Genealogia de Cristo
3. Afresco Anastasis
4. Parecclesion
5. Ministério de Cristo
6. Mosaico de Teodoro Metoquita
7. Juízo Final
8. Vida da Virgem
9. Infância de Cristo
10. Dormição da Virgem

Exterior
Contorne a igreja por trás para sentir o impacto de sua arquitetura. Há mármore listrado, seis domos, camadas sucessivas de arcos, telhados ondulantes e um minarete, na lateral.

Genealogia de Cristo
As duas cúpulas do nártex interno (entrada oeste) retratam 66 ancestrais de Cristo. Nas caneluras *(acima)*, Cristo aparece rodeado de seus antepassados, entre eles Adão, Abraão, Jacó e os doze filhos de Jacó. No outro, a Virgem e o Menino Jesus observam os reis da casa de Davi.

Afresco Anastasis
O afresco da Ressurreição *(acima)* mostra Cristo tirando Adão e Eva do túmulo, enquanto os portões do Inferno se rompem e Satã deita amarrado aos pés de Cristo.

Parecclesion
Capela funerária ao sul da igreja principal, contém afrescos que retratam o Juízo Final e a Ressurreição *(abaixo)*. O túmulo sem identificação na parede norte pode ser de Teodoro Metoquita.

Houve uma igreja no local (século VI), da qual nada restou

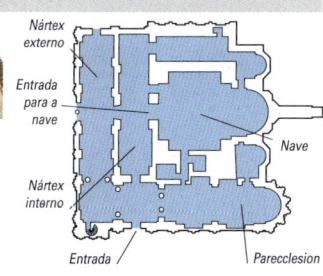

5 Ministério de Cristo
As abóbadas dos sete vãos do nártex externo e do vão sul do nártex interno detalham o Ministério de Cristo (acima), inclusive a tentação e milagres como o das bodas de Caná e o da cura dos enfermos.

6 Mosaico de Teodoro Metoquita
Acima da porta que liga o nártex interno à nave há um mosaico interessante (acima), retratando Teodoro com turbante a apresentar sua igreja a Cristo, que ergue a mão para abençoá-la.

7 Juízo Final
O domo principal do Paracclesion retrata o Juízo Final, com Cristo Rei ladeado pela Virgem Maria, João Batista e os apóstolos. Adão e Eva estão prostrados aos pés de Cristo.

8 Vida da Virgem
Vinte mosaicos no nártex interno retratam a vida da Virgem Maria, com base no Evangelho Secreto de Tiago, apócrifo, do século II. Inclui imagens dos primeiros passos de Maria (aos 6 meses), do período em que serviu no Templo (dos 3 aos 13 anos) e de José vendo-a grávida ao chegar em casa.

10 Dormição da Virgem
O belo mosaico na nave (acima) mostra Cristo sentado ao lado do ataúde da mãe, segurando um bebê que representa a alma dela. Acima está Azrael, o Anjo da Morte.

9 Infância de Cristo
Cenas da infância de Cristo constam nos painéis semicirculares do nártex externo. Inspiradas em relatos do Novo Testamento, incluem a Viagem a Belém, Maria e José registrando-se para pagar impostos, a Natividade e o terrível Massacre dos Inocentes.

Plano
Hoje entra-se por uma porta lateral, mas o acesso original se dava por um pórtico comprido, no nártex externo, que conduz ao nártex interno. Nas alcovas dos dois pórticos encontra-se a maioria dos mosaicos. O nártex interno leva ao salão principal da igreja, a nave. Na extremidade oposta, o altar se ergue na frente da abside semicircular, flanqueada pelo Prothesis (capela para a liturgia da preparação) e pelo Diakonikon (sacristia). Na lateral há uma capela funerária separada, o Parecclesion.

A exemplo de outros antigos centros de oração em Istambul, a Ex-Igreja de São Salvador em Chora é hoje um museu

Banhos de Çemberlitaş

A visita a Istambul exige uma sessão com sauna, fricção corporal, tratamento esfoliante e massagem num banho turco (hamam). Os Banhos de Çemberlitaş, construídos em 1584, estão entre os mais belos. Projetados por Sinan, foram encomendados pela sultana Nurbanu, esposa de Selim II, a fim de obter fundos para a manutenção da Antiga Mesquita da Sultana-Mãe, em Üsküdar (p. 95), da qual era benfeitora. Os Banhos continuam sendo usados pelos turcos, embora sejam mais populares entre turistas e fotógrafos, servindo como locação para filmes e editoriais de moda.

Um halvet na sauna

Destaques

1. Entrada
2. Setor Masculino
3. Setor Feminino
4. Vestiário
5. Sala Quente
6. Cubículos Privados
7. Pedra do Umbigo
8. Sala Fria
9. Massagem com Óleo
10. Extras

🛈 Quem pretende passar um tempo maior no *hamam* deve levar uma garrafa com água.

🛈 Os banhos encontram-se a meio caminho entre o Grande Bazar e a praça Sultanahmet, podendo ser alcançados a pé a partir de um deles. Nos arredores há muitas opções de cafés, casas de chá e restaurantes.

- Vezir Hanı Cad 8
- Mapa P4
- (0212) 522 7974
- Aberto 6h-24h diariam
- Ingresso 45 TL (84 TL com massagem, 142 TL com massagem e óleos)
- www.cemberlitas hamami.org

Setor Feminino
O vestiário feminino foi abolido em 1868, na ampliação da Divanyolu Caddesi. As mulheres trocam de roupa num corredor. A sala quente delas permanece inalterada.

Entrada
Recebe-se na bilheteria um *pestemal* (veste do tipo sarongue, para evitar a nudez), um *kese* (luva áspera para esfregar o corpo) e fichas para entregar aos atendentes. Homens e mulheres vão para alas separadas.

Vestiário (Camekan)
Nesse local *(abaixo)*, o atendente entrega ao visitante a chave de um armário e chinelos. Muitos entram despidos, cobertos apenas pelo *pestemal*, mas pode-se usar sunga.

Setor Masculino
Originalmente, o *hamam* consistia em dois conjuntos de salas idênticas, com entradas diferentes. A seção masculina continua exatamente como projetada por Sinan, seu criador.

Hoje a maioria dos banhos tem horários separados para homens e mulheres. Na época otomana, romper a segregação era crime capital.

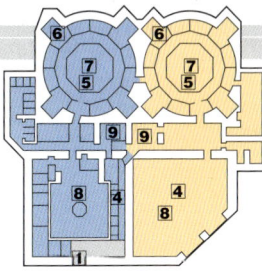

Sala Quente (Sıcaklık)
A sala quente *(imagem principal)* possui teto abobadado com doze arcos sustentados por colunas de mármore. O domo é decorado com "olhos de elefante" de vidro, que canalizam a luz através do vapor, pontilhando assim o chão.

Cubículos Privados (Halvets)
Nas paredes ficam os cubículos privados com torneiras de água fria, morna e quente, usadas para lavar ou esfriar o corpo quando o calor se torna excessivo.

Legenda
- Setor Masculino
- Setor Feminino

Pedra do Umbigo (Göbek Taşı)
No centro da sala quente há uma base de mármore *(à esq.)*. O visitante se deita e espera o atendente, que o cobre de espuma e o esfrega com uma *kese*. Depois vem nova cobertura de sabão, lavagem com pano e massagem com sabão *(abaixo)*. Finalmente o cabelo é lavado e enxaguado com baldes de água.

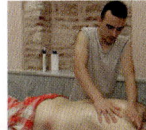

Sala Fria (Soğukluk)
A sala fria *(à esq.)* serve para relaxar e conversar. A dos homens conserva a elegância da época de Sinan; a das mulheres é mais moderna. Depois, volta-se ao vestiário ou faz-se massagem com óleos.

Massagem com Óleo
Sob luz forte, várias pessoas recebem a massagem *(à dir.)*, deitadas nas camas enfileiradas. Vale a pena aguentar qualquer desconforto – a sensação final é ótima.

Extras
Passe o tempo que quiser na sala quente, outra vez, ou descanse na sala fria. Para quem quer tratamento completo, os atendentes oferecem serviços de manicure, pedicure e limpeza facial.

Costumes Antigos
Descendente direto do banho greco-romano, o *hamam* foi adotado com entusiasmo pelos invasores islâmicos, que acreditavam ser sagrada a higiene; o banho era uma oportunidade de limpar a pele, desintoxicar o corpo e revigorar o espírito. Para as mulheres, o tempo passado no *hamam* era a oportunidade de escapar do confinamento em que viviam, além de lugar para procurar potenciais noras.

Gorjetas estão inclusas no ingresso para os Banhos de Çemberlitaş

Palácio Dolmabahçe

Em 1843 o sultão Abdül Mecit, decidido a dar ao Império Otomano um ar europeu, contratou os arquitetos armênios Garabet e Nikoğos Balyan para projetar um novo e luxuoso palácio às margens do Bósforo. O Dolmabahçe Sarayı, concluído em 1856, é o resultado dessa busca por opulência. Conta com 285 quartos e 43 salões de recepção e tem decoração exuberante em ouro e cristal, capaz de rivalizar com a de Versalhes. Ironicamente, a extravagância acelerou a decadência do império, e o último sultão fugiu do palácio para o exílio em 1922.

Fonte do Cisne no Jardim Imperial

Destaques
1. Portas
2. Fachada na Margem
3. Salão Cerimonial
4. Harém
5. Salões de Estado
6. Aposentos de Atatürk
7. Escadaria de Cristal
8. Banheiros do Sultão
9. Torre do Relógio
10. Jardins

- Visita-se o palácio apenas em passeios guiados. Há dois itinerários disponíveis: Selamlık (áreas reservadas para homens, inclusive o Salão Cerimonial); e Harém (inclusive aposentos das mulheres da corte, apartamentos privados do sultão e quarto, banheiro e escritório de Atatürk).

- Na Torre do Relógio há um café; os banheiros ficam perto das duas entradas.

- Dolmabahçe Cad
- Mapa C5 • (0212) 236 90 00 • Bonde: Kabataş, depois mais 5min a pé.
- Aberto 9h-16h ter, qua, sex-dom (até 15h out-fev)
- Ingresso 30 TL para Selamlık, 20 TL para Harém, 40 TL combinado • www.dolmabahce.gov.tr

1. Portas
As duas entradas cerimoniais do palácio eram ornamentadas: a Porta do Tesouro, principal acesso atual, e a Porta Imperial *(acima)*. Os dois portões contam até hoje com guarda de honra.

2. Fachada na Margem
A fachada de mármore *(abaixo)* tem 284m de comprimento. Os Salões de Estado situam-se à esquerda, o Salão Cerimonial no centro e o Harém à direita.

3. Salão Cerimonial (Muayede Salonu)
A cúpula do imenso salão *(acima)* alcança 36m de altura. O maior lustre de cristal do mundo, presente da rainha Vitória da Inglaterra, tem 750 lâmpadas e 4,5 toneladas.

Se o tempo for curto demais para fazer os dois passeios, opte por Selamlık: o Salão Cerimonial e a Escadaria de Cristal são imperdíveis

Harém

4 Fascinante encontro de Oriente e Ocidente, o Harém possuía diversos apartamentos, decorados com fausto condizente com sua função – para o sultão, sua mãe, esposas, concubinas, servos e convidados. Havia banhos, escola, maternidade e salão central (à esq.) onde as concubinas se reuniam para tomar chá, conversar e bordar.

Salões de Estado (Selamlık)

5 Os salões no lado com face para o mar eram usados pelo grão-vizir e pelos ministros, enquanto os do lado terrestre serviam como áreas administrativas. Em todos, a decoração é extremamente luxuosa.

Escadaria de Cristal

7 A escadaria em ferradura tem balaústres de cristal Baccarat. Liga a área administrativa aos salões cerimoniais do piso superior.

Aposentos de Atatürk

6 Nos primeiros anos da república, Atatürk usava o palácio como base em Istambul, mantendo no Harém um escritório e um dormitório (acima), onde morreu de cirrose em 10 de novembro de 1938. Os relógios do palácio marcam todos 9h05, horário da morte.

Banheiros do Sultão

8 O sultão dispunha de dois banheiros: um no palácio principal, revestido de mármore; outro no Harém, decorado com violetas e espelho de Murano.

Torre do Relógio

9 A torre de quatro pavimentos e 27m foi acrescentada ao palácio em 1890, no reinado do sultão Abdül Hamit III (p. 89). O relógio, fabricado por Paul Garnier, famoso relojoeiro parisiense, ainda funciona.

Jardins

10 O palácio e seu jardim foram construídos em um aterro (o nome Dolmabahçe quer dizer "jardim aterrado"). Além do palácio e dos dezesseis pavilhões externos, havia moinho de trigo, farmácia, aviário, fábrica de vidro e fundição.

Atatürk

Nascido em 1881, Mustafa Kemal ficou famoso ao liderar a vitória das forças turcas em Galípoli (1915). Líder do movimento republicano Jovens Turcos, aproveitou a oportunidade proporcionada pelo fim da Primeira Guerra Mundial para abolir o sultanato e proclamar a república, em 1923. Primeiro presidente, ocidentalizou o país, introduzindo o alfabeto latino, a educação compulsória e os direitos femininos. Ainda a idolatram como "pai dos turcos" (Atatürk); criticá-lo publicamente na Turquia é crime.

As filas para comprar ingresso podem ser longas no verão, então conte com um tempo extra

Passeio pelo Bósforo

A paisagem de Istambul, sem dúvida uma das mais famosas do mundo, pode ser admirada de muitos lugares. Contudo, nada como ver a cidade do convés de um barco no Bósforo. Após a agitação do centro, um cruzeiro pelo estreito dá uma perspectiva completamente diferente da metrópole. Poupe os pulmões da fumaça de escapamento e os pés das calçadas irregulares – os barcos locais, baratos, permitem passar um dia sereno percorrendo as belas margens e apreciando as mansões de madeira.

Ponte do Bósforo

○ O trajeto de barco até Anadolu Kavağı leva cerca de 1h45 (ida). Faz paradas curtas, e quem quiser descer numa das atrações ao longo da margem precisa tomar o ônibus (lento) para voltar ao centro.

○ Pode-se comer no barco e nos diversos estabelecimentos da última parada em Anadolu Kavaği.

- Saídas do cais Eminönü Boğaz Hattı
- Mapa F4
- (0212) 444 18 51
- Saídas diárias, abr-nov 10h35 e 13h35; dez-mar: 10h35
- Passagem 15 TL só ida, 25 TL ida e volta
- www.sehirhatlari.com.tr

Destaques

1. Cais de Eminönü
2. Torre de Leandro
3. Palácio Dolmabahçe
4. Ortaköy
5. Ponte do Bósforo
6. Palácio de Beylerbeyi
7. Arnavutköy e Bebek
8. Fortaleza da Europa
9. Sarıyer
10. Anadolu Kavağı

1 Cais de Eminönü
O barco do Bósforo sai do cais de Eminönü *(imagem principal)*, o terminal marítimo mais importante da cidade. Saboreie simit e sanduíches de peixe na rua.

2 Torre de Leandro (Kız Kulesi)
Em ilha ao largo de Üsküdar, a torre tem um restaurante. Seu nome em turco significa Torre da Donzela, pois, dá a lenda, uma princesa teria sido escondida no local; em português, refere-se ao herói da mitologia grega *(p. 95)*.

3 Palácio Dolmabahçe (Dolmabahçe Sarayı)
O sultão Abdül Mecit arruinou o Império Otomano para construir o deslumbrante palácio *(acima)*, nos anos 1850.

4 Ortaköy
Um dos mais formosos vilarejos do estreito, ao pé da ponte do Bósforo, é o preferido dos moradores nos fins de semana *(acima)*.

5 Ponte do Bósforo (Boğaziçi Köprüsü)
Terminada em 1973, vai de Ortaköy a Beylerbeyi, ligando Europa e Ásia com seus 1.510m.

Veja mais sobre o Palácio Dolmabahçe nas pp. 26-7

6 Palácio de Beylerbeyi (Beylerbeyi Sarayı) (Lado Asiático)

Pequeno e cativante, o palácio *(acima)* servia de anexo de verão ao Dolmabahçe. Não tinha cozinha, e a comida vinha de barco, do outro lado.

7 Arnavutköy e Bebek

As mansões de madeira do século XIX *(yalis)* enfeitam a margem no trecho central do Bósforo. São as propriedades mais cobiçadas da cidade.

8 Fortaleza da Europa (Rumeli Hisarı)

Castelo *(acima)* erguido em 1452 por Mehmet, o Conquistador, antes do ataque a Constantinopla. Do outro lado situa-se a Fortaleza da Ásia (Anadolu Hisarı), erguida no final do século XIV por Beyazıt I.

9 Sarıyer

A vila *(à dir.)* é o principal porto pesqueiro do Bósforo. Na margem há um mercado de peixe histórico, além de bons restaurantes de frutos do mar, com bela vista.

10 Anadolu Kavağı (Lado Asiático)

Essa é a última parada do barco, onde os moradores oferecem aos turistas almoço com frutos do mar e sorvetes. Há uma linda vista do Yoros Kalesi, do século XIV, o Castelo Genovês, no alto do morro *(à esq.)*.

Tudo Mitologia

Quando a deusa grega Hera enviou uma praga de mosquitos para atormentar a linda Io, sua rival nas atenções de Zeus, Io se transformou em vaca e nadou através do estreito para escapar, dando ao Bósforo seu nome (Vau da Vaca). Em outro mito grego, Jasão e os Argonautas subiram o Bósforo em busca do velocino de ouro, talvez um eco da tradição do mar Negro de usar uma pele de carneiro como bateia para revolver cascalho em busca de ouro.

Veja mais sobre o Bósforo e suas redondezas nas pp. 88-93

Florence Nightingale no Quartel Selimiye; Atatürk passa tropas em revista

Eventos Históricos

1. 330-95 d.C.: Divisão do Império Romano
Em 330, Constantino transferiu a capital do Império Romano para a antiga colônia grega de Bizâncio. Chamada inicialmente de Nova Roma, tornou-se, depois, Constantinopla. Em 395, Teodósio dividiu o império entre os filhos – a parte ocidental sob governo de Roma e a oriental com capital em Constantinopla.

2. 1071: Batalha de Manzikert
Os turcos seljúcidas da Pérsia derrotaram forças bizantinas em Manzikert, tomando grande parte da Anatólia. Os bizantinos jamais recuperaram as perdas no leste.

3. 1204: Saque e Conquista de Constantinopla
As tropas da Quarta Cruzada pilharam Constantinopla e forçaram o imperador a se exilar. Os cruzados governaram a cidade até 1261, quando o imperador bizantino Miguel VIII Paleólogo a recuperou.

Busto de Constantino

4. 1453: A Conquista de Constantinopla
Nos anos seguintes à invasão otomana do Império Bizantino, o sultão Mehmet II capturou Constantinopla e converteu a Basílica de Santa Sofia na mesquita de Ayasofya. O derradeiro imperador bizantino, Constantino IX, morreu na defesa da cidade.

5. 1529: Cerco de Viena
O Império Otomano atingiu o auge da expansão sob o governo de Suleiman I. Depois de conquistar o sul da Hungria em 1526, na primavera de 1529 o soberano reuniu um exército formidável para consolidar os ganhos e atacar Viena. A combinação de enchentes no caminho com a defesa corajosa da cidade pelo mercenário germânico Niklas Graf Salm deteve os turcos e marcou o final da expansão otomana na Europa Ocidental.

6. 1777: Delícia Turca
Ali Muhiddin Hacı Bekir, confeiteiro da corte imperial, inventou um doce macio com água de rosas, coberto com açúcar de confeiteiro, o *rahat lokum* (em turco, algo como "pedaço de alegria").

A tomada de Constantinopla em 1204

Nas páginas anteriores, vista da Basílica de Santa Sofia

1853-56: Guerra da Crimeia
Quando a Rússia passou a cobiçar o território otomano, Grã-Bretanha e França apoiaram os turcos. A britânica Florence Nightingale montou um hospital em Istambul, dando origem às modernas práticas de enfermagem *(p. 96)*.

1919-23: Proclamação da República
Mustafa Kemal – ou Atatürk (pai dos turcos) – liderou uma revolução que aboliu o sultanato e travou uma feroz guerra pela independência. Em 1923, como primeiro presidente da nova República da Turquia, ele transferiu a capital para Ancara, tirando de Istambul o status político que durava 1.600 anos.

Construção da Ponte do Bósforo, 1972

1973: Ponte do Bósforo
A Ponte do Bósforo – de Ortaköy a Beylerbeyi – liga a Turquia europeia à Anatólia asiática.

2011: Primeiro-Ministro Erdoğan é Reeleito
Nas eleições de 2011, o Partido da Justiça e Desenvolvimento (AKP), de Recep Tayyıp Erdoğan, emplacou com folga um terceiro mandato consecutivo no governo.

Imperadores Otomanos

Osman Gazi (1299-1326)
A dinastia otomana leva o nome de seu fundador, Osman. Em 1301 suas forças conseguiram a primeira vitória sobre o Império Bizantino, na Batalha de Bafeus.

Orhan Gazi (1326-60)
Orhan mudou a capital otomana para Bursa e declarou o islã religião oficial.

Murat I (1359-89)
Murat fundou o Corpo dos Janízaros, força de elite do exército otomano.

Mehmet II, o Conquistador (1451-81)
Em 1453, Mehmet capturou Constantinopla, derrotando os bizantinos. Ergueu uma nova cidade no local e construiu o Palácio Topkapı.

Suleiman I, o Magnífico (1520-66)
Conquistador, legislador e patrono das artes, Suleiman governou durante a era de ouro otomana *(p. 58)*.

Mehmet III (1595-1603)
A mãe mandou estrangular dezoito irmãos de Mehmet para que ele chegasse ao trono.

Osman II (1618-22)
Os janízaros estupraram e estrangularam Osman em Yedikule, quando fracassou a tentativa de reduzir o poder da tropa.

Mahmut II (1808-39)
Mahmut acabou com o Corpo dos Janízaros, massacrando milhares deles num expurgo.

Abdül Hamit II (1876-1909)
Abdül Hamit construiu Yıldız Sarayı, o último palácio imperial.

Mehmet VI (1918-22)
O derradeiro imperador otomano exilou-se na Europa em novembro de 1922.

Museu de Artes Turcas e Islâmicas; Museu Rahmi Koç; Museu Arqueológico

Museus e Galerias de Arte

1 Palácio Topkapı (Topkapı Sarayı)
Os prédios espetaculares abrigam coleções magníficas, do mar de porcelana chinesa das cozinhas ao Tesouro, com peças exuberantes de joalheria, esculturas em marfim e esmeraldas brutas enormes. As relíquias religiosas incluem fios da barba do Profeta *(pp. 8-11)*.

2 Museu Arqueológico (Arkeoloji Müzesi)
Nessa instituição se encontra o imperdível túmulo de mármore de Abdalônimo de Sídon, do século IV, conhecido como "Sarcófago de Alexandre". O alto-relevo mostra a derrota dos persas para Alexandre, o Grande, em Issus, no ano 333 a.C. *(pp. 16-7)*.

3 Museu Militar (Askeri Müze)
Entre as peças fascinantes destacam-se as adagas curvas *(cembiyes)* que eram fornecidas à infantaria otomana no século XV, além das tendas imperiais utilizadas pelos sultões durante as campanhas. A Banda Mehter, criada no século XIV, toca música militar otomana diariamente às 15h *(p. 80)*.

Escultura equestre no Museu Sakıp Sabancı

4 Museu Sakıp Sabancı (Sakıp Sabancı Müzesi)
Conhecido localmente como "Mansão do Cavalo", o belo museu guarda a coleção do magnata turco Sakıp Sabancı, que abrange meio milênio de caligrafia otomana e pinturas turcas e otomanas dos séculos XIX e XX. O museu também promove exposições temporárias de outros acervos *(p. 91)*.

5 Museu de Artes Turcas e Islâmicas (Türk ve İslam Eserleri Müzesi)
A deslumbrante coleção do palácio de İbrahim Paşa cobre 1.300 anos da mais fina arte turca e islâmica. Entre os destaques do museu estão belos exemplares de tapetes turcos, caligrafia e itens etnográficos. *(p. 57)*.

Banda Mehter no Museu Militar

Museus menores fecham às segundas-feiras

İstanbul Modern
6 Por vários séculos a arte turca se caracterizou pela tradição, e não pela inovação. Agora os artistas turcos contemporâneos exploram novos caminhos. Em um armazém reformado com bom gosto no Bósforo, esse museu é o ponto ideal para os modernos *(p. 89)*.

Museu Rahmi Koç (Rahmi Koç Müzesi)
7 A antiga fundição otomana, perto de um estaleiro no Chifre de Ouro, é o lugar ideal para a coleção (de nível internacional) de máquinas como carros antigos, aeromodelos e até um submarino *(p. 74)*.

Museu Sadberk Hanım (Sadberk Hanım Müzesi)
8 Duas mansões adoráveis na beira do Bósforo foram restauradas para receber a interessante coleção de artefatos antigos da Anatólia, além de cerâmicas e trajes otomanos *(p. 91)*.

Vaso ateniense, Museu Sadberk Hanım

Museu Naval (Deniz Müzesi)
9 A frota otomana dominou os mares por vários séculos. O museu guarda lembranças de suas conquistas. Entre os destaques, balsas reais decoradas com extravagância *(p. 89)*.

Museu de Pera (Pera Müzesi)
10 O Museu de Pera combina belas-artes, exposições modernas e pesos e medidas anatólios *(p. 80)*.

Menos Conhecidos

Museu do Tapete
1 Admire alguns dos tapetes mais antigos e refinados da Turquia nesse museu *(p. 60)*.

Mosteiro Mevlevi
2 A dança dos dervixes rodopiantes é a atração do mosteiro transformado em museu *(p. 82)*.

Museu do Brinquedo
3 Postes de luz com formato de girafa direcionam o visitante a esse criativo museu *(p. 48)*.

Museu Ferroviário, Estação Sirkeci
4 A baixela de prata do Expresso do Oriente se destaca entre os 300 itens expostos *(p. 58)*.

Museu SAV do Automóvel
5 Percorra um século de transporte motorizado, do Rolls Royce à Ferrari *(p. 92)*.

Museu Aşiyan
6 Numa mansão no Bósforo, poetas e pensadores do século XX são homenageados *(p. 90)*.

Museu da História da Ciência e da Tecnologia Islâmicas
7 Mostra de ferramentas históricas da astronomia, medicina e guerra. *Has Ahirlar Binası, Gülhane Parkı • (0212) 528 80 65*

Museu Florence Nightingale
8 Inclui os aposentos particulares e a sala de cirurgia da enfermeira inglesa *(p. 96)*.

Museu da Aviação (Havacılık Müzesi)
9 A coleção de aviões antigos e aeromodelos fica próxima ao Aeroporto Internacional Atatürk. *Yeşilköy • (0212) 663 24 90*

Museu Atatürk
10 Em um casarão de subúrbio, o memorial para o primeiro presidente turco. *Halaskargazi Cad, Şişli • Mapa T4 • (0212) 240 63 19*

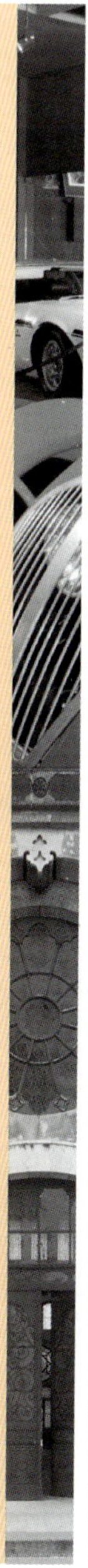

Basílica de Santa Sofia; Ex-Igreja de São Salvador em Chora; Portão nas Muralhas de Teodósio

Monumentos Bizantinos

1. Basílica de Santa Sofia (Ayasofya)
Construída pelo imperador Justiniano no século VI, a Basílica de Santa Sofia é uma das obras arquitetônicas mais importantes do mundo. Justiniano orgulhava-se tanto da igreja que proclamou: "Glória a Deus, que me considerou digno de terminar sua obra. Salomão, eu o superei!" *(pp. 12-3)*.

2. Hipódromo (At Meydanı)
Antiga pista de corrida, com 450m de extensão, o Hipódromo tinha capacidade para nada menos que 100 mil pessoas. Serviu como local de comemorações e até massacres; em 532, a Revolta de Nika causou 30 mil mortes nesse local *(p. 57)*.

3. Cisternas
Para garantir um bom suprimento de água, tanto em tempos de paz como nos cercos, os bizantinos construíram uma série de cisternas subterrâneas na cidade. A mais famosa é a Cisterna da Basílica (Yerebatan Sarnıcı) *(p. 58)*, seguida pela Cisterna das 1.001 Colunas (Binbirdirek Sarnıcı) *(p. 60)*.

Relevo entalhado na base do Obelisco Egípcio, Hipódromo

4. Ex-Igreja de São Salvador em Chora (Kariye Camii)
O principal motivo para visitar essa igreja bizantina do século XI é a gloriosa coleção de mosaicos e afrescos com cenas bíblicas *(pp. 22-3)*.

5. Muralhas de Teodósio (Teodos II Surları)
Durante mil anos as muralhas erguidas pelo imperador Teodósio em 412-22 comprovaram sua necessidade, detendo mais de vinte ataques dos hunos, árabes, búlgaros, turcos e russos, até sucumbir finalmente aos otomanos, em 1453 *(p. 32)*. A muralha foi parcialmente restaurada *(p. 75)*.

6. Great Palace Mosaic Museum (Büyük Saray Mozaikleri Müzesi)
Restam apenas fragmentos do Grande Palácio dos imperadores bizantinos. Esse pequeno museu guarda um deles – a Passagem dos Mosaicos, descoberta nos anos 1930, que ligava o palácio ao camarote real no Hipódromo. O piso, decorado com apuro, mostra animais selvagens e cenas de caça *(p. 60)*.

Cisterna da Basílica

7. Palácio Bucoleone (Bukoleon Sarayı)
No sopé do morro, atrás de Sultanahmet, encostado na antiga muralha da costa, encontra-se o último fragmento do palácio imperial de Bucoleone *(p. 61)*.

8. Aqueduto de Valens (Bozdoğan Kemeri)
Esse aqueduto do século IV deixou de ser usado só no século XIX e continua muito bem conservado. Era fundamental no sistema que fornecia à capital bizantina a água captada nas florestas da Trácia *(p. 73)*.

Haghia Eirene

9. Haghia Eirene (Aya İrini Kilisesi)
Uma das igrejas mais antigas da cidade, Haghia Eirene fica no pátio externo do Palácio Topkapı. Foi a principal da região até a construção da Basílica de Santa Sofia. Está aberta para o público e, às vezes, devido à sua excelente acústica, sedia concertos *(p. 61)*.

10. Ex-Igreja de Pammakaristos (Fethiye Camii)
Essa imensa igreja bizantina do século XII serviu como sede da Igreja Ortodoxa Grega durante os séculos XV e XVI. Foi convertida em mesquita em 1573. A antiga capela lateral é atualmente um museu onde se veem magníficos mosaicos *(p. 73)*.

Imperadores Bizantinos

1. Constantino (306-37)
Constantino mudou a capital do Império Romano para Constantinopla *(p. 32)*.

2. Teodósio II (408-50)
Codificou as leis, fundou uma universidade e ergueu as muralhas da cidade *(p. 75)*.

3. Justiniano I (527-65)
Justiniano iniciou a construção de prédios como a Basílica de Santa Sofia *(pp. 12-3)*, além de ter reformado as leis.

4. Teodora (527-48)
Filha de um amestrador de ursos, dançarina e prostituta, governou ao lado do marido Justiniano I.

5. Justiniano II (685-95 e 705-11)
Deposto pelos inimigos, teve o nariz cortado, pois um homem desfigurado não poderia ser imperador. Recuperou o trono e usava, segundo a lenda, uma prótese de ouro maciço.

6. Irene de Atenas (797-802)
Irene foi a primeira mulher a reinar sozinha no império.

7. Basílio I (867-86)
Amante homossexual de Miguel III, Basílio foi coroado imperador conjunto em 866. Matou Miguel para governar sozinho.

8. Zoë (1028-50)
Casou-se três vezes antes de se tornar imperatriz, aos 50 anos.

9. Romano IV Diógenes (1067-71)
Derrotado pelos seljúcidas em Manzikert, em 1071, exilou-se em seguida.

10. Constantino XI Paleólogo (1449-53)
O derradeiro imperador bizantino morreu defendendo as muralhas da cidade, na invasão de 1453.

Antiga Mesquita da Sultana-Mãe; Túmulo de Sinan, Mesquita de Suleiman; Igreja de São Jorge

Locais de Culto

1. Mesquita de Suleiman (Süleymaniye Camii)

A imensa mesquita domina a paisagem no Chifre de Ouro. A obra-prima de Koka Mimar Sinan, maior arquiteto imperial *(pp. 20-1)*, foi construída em 1550-57, no terreno do antigo Palácio Eski Saray. É um monumento adequado a seu idealizador, Suleiman I *(pp. 32, 33, 58)*.

2. Mesquita Azul (Sultanahmet Camii)

Encomendada por Ahmet I, a Mesquita Azul foi construída pelo arquiteto imperial Sedefkar Mehmet Ağa, discípulo do grande Sinan, em 1609-16. Leva o nome por causa dos azulejos de İznik que revestem paredes em seu interior *(pp. 14-5)*.

Mesquita Azul

Interior da Mesquita do Fatih, claro e arejado

3. Mesquita do Fatih (Fatih Camii)

A Mesquita do Fatih original, construída por Mehmet II, celebrava a captura de Constantinopla em 1453; seu nome significa "mesquita do conquistador". A atual, do século XVIII, substitui a anterior, destruída pelo terremoto de 1766 *(p. 73)*.

4. Mesquita de Eyüp (Eyüp Camii)

Também reconstruída após o terremoto de 1766, situada no alto do Chifre de Ouro, a mesquita é considerada um dos lugares mais sagrados do islã. Foi erguida em torno do túmulo de um santo do século VII, Eyüp el-Ensari, que conduzia o estandarte do Profeta Maomé *(p. 74)*.

5. Antiga Mesquita da Sultana-Mãe (Atik Valide Camii)

Uma das mesquitas mais belas, derradeira obra de Sinan, a Antiga Mesquita da Sultana-Mãe foi terminada em 1583 para a formidável Nurbanu, esposa de Selim III e mãe de Murat III *(p. 95)*.

6. Igreja de São Jorge (Aya Yorgi)

A Igreja de São Jorge fica no conjunto do Patriarcado Ortodoxo Grego. Abriga um belo mosaico da Virgem Maria, do século XI *(p. 76)*.

O recato é essencial nas visitas às mesquitas. Melhor usar calçados que possam ser tirados facilmente.

7. Sinagoga Ahidra (Ahidra Sinagogu)

Fundada originalmente em Balat no século XV para os judeus macedônios de Constantinopla, essa é uma das construções de maior interesse arquitetônico da cidade. Medidas de segurança tornam difícil visitar o local sozinho – turistas são aconselhados a fechar um pacote com agências de viagem. Procure um passeio pela Istambul judaica. ◎ Gevgili Sok, Balat

8. Igreja de Santa Maria dos Mongóis (Kanlı Kilise)

A princesa Maria, filha ilegítima do imperador bizantino Miguel VIII Paleólogo, casou-se com o rei mongol Abaqa Khan. Com a morte do marido, em 1282, ela fundou o convento e a igreja, a única greco-ortodoxa a se livrar da conversão em mesquita por Mehmet, o Conquistador (p. 76).

Detalhe da Igreja de Santa Maria dos Mongóis

9. Igreja de Santo Antônio de Pádua (Sent Antuan Kilisesi)

Maior igreja católica romana, construída em 1906-12, abriga ainda uma pequena comunidade de monges franciscanos (p. 82).

10. Igreja de Cristo

Consagrado em 1868 como Igreja Memorial Crimeia, o belo edifício do Renascimento Gótico foi reformado e rebatizado nos anos 1990. É a maior igreja protestante de Istambul (p. 82).

Etiqueta Islâmica

1. Calçados
Tire os sapatos antes de entrar numa mesquita ou casa turca.

2. Homens e Mulheres
O homem não deve tocar mulheres (fora da família), nem para apertar a mão, a não ser que a mulher a estenda primeiro, ou ofereça o rosto para um beijo.

3. Mão Esquerda
Em alguns países muçulmanos evita-se comer ou passar a comida com a mão esquerda; na Turquia, isso não vale.

4. Porco e Álcool
Embora muita gente consuma bebidas alcoólicas, não se deve oferecer álcool ou carne de porco a um muçulmano, nem consumi-los em sua presença, pois pode ofendê-lo.

5. Salão Familiar
Alguns restaurantes e cafés oferecem salas separadas para famílias (aile salonu), aonde as mulheres serão automaticamente conduzidas. Os homens só entram com a família.

6. Trajes
Sempre recatados. Não se devem mostrar joelhos, ombros ou barriga (vale para ambos os sexos).

7. Cobrir a Cabeça
É essencial que as mulheres cubram a cabeça ao entrar numa mesquita.

8. Ramadã
Não coma ou beba em público durante o dia no mês do jejum, o Ramadã.

9. Passeios
Não visite mesquitas nos horários de oração (em particular, ao meio-dia de sexta-feira).

10. Sobre o Islã
Não critique nem faça piadas sobre o islamismo e suas posturas.

Há menos de 17 mil judeus vivendo em Istambul atualmente

Sanduíches de peixe fresco; *Meze* frio, inclusive *tarama* e *haydari*; *İmam bayıldı*

Destaques Culinários

1. Meze
A refeição turca começa com *meze*, as famosas entradinhas. A gama é vasta, e pode facilmente substituir uma refeição. Entre os pratos frios, destacam-se *haydari* (iogurte com hortelã e alho), *midye pilakisi* (mexilhões em azeite de oliva) ou *çerkez tavuğu* (frango frio em molho de nozes e pão). Entre os quentes, kebab de fígado de galinha, lula, queijo grelhado ou especialidades como *koç yumurtası* (testículo de carneiro frito).

2. İmam Bayıldı (O Imã Desmaiou)
O prato recebeu o estranho nome e tornou-se clássico na Turquia. A berinjela recheada com tomate e cebola supostamente fez um imã (sacerdote muçulmano) desmaiar de prazer ao saboreá-la. Ingrediente fundamental na cozinha turca, a berinjela podia ser preparada pelos chefs otomanos de 150 maneiras diferentes.

3. Çoban Salatası (Salada do Pastor)
A salada combina tomate, pepino, pimentão picado, alface, coentro, salsão, suco de limão e azeite de oliva. Prato leve, colorido e refrescante, destaca o tomate turco, um dos melhores do mundo.

4. Dolma
Dolma significa "recheado", e descreve qualquer prato recheado, de nozes a pimentões e berinjela. A versão mais comum é o charutinho de folha de uva com cebola, nozes e ervas.

5. Kebabs e Köfte
A receita turca mais famosa internacionalmente é o kebab, ou *kebap*, em turco. O *döner kebap* leva fatias finas de carne grelhada (em geral, cordeiro) cortada do espeto na vertical; o *şiş kebap*, em forma de espetinho, pode ser feito com cubos de cordeiro ou frango. *Köfte*, de carne moída, pode ser cozido como almôndega ou grelhado no espeto (*ızgara kebap*).

Kebabs e köfte

6. Frutos do Mar
A proximidade do mar significa popularidade do *taze balık* (peixe fresco) entre os moradores. O pescado costuma ser grelhado e servido com arroz, batata frita e salada. Frutos do mar, como lulas, entram nos *meze*. Um prato delicioso do mar Negro é a *hamsi pilavı* (anchova fresca com arroz).

7. Ensopados (Güveç)
Servidos em restaurantes tradicionais *lokanta* (p. 110), populares no inverno, os ensopados levam cordeiro, tomate e cebola bem condimentados.

Döner kebap *quer dizer "carne que gira"*

Börek
Salgadinhos saborosos que podem fazer parte de um *meze* ou servir de lanche. São preparados em formatos diversos, dobrados ou enrolados, e recebem recheios como queijo e salsinha, espinafre ou carne. Constituem um ótimo petisco.

Confeitaria
As massas doces são vendidas em lojas especializadas e nas bancas de rua; elas aparecem nos cardápios dos restaurantes como sobremesas. A mais famosa é a *baklava* (massa folhada com calda), em suas variações com mel, marzipã, amêndoa e pistache. Deliciosas e calóricas.

Doces da confeitaria turca

Chá e Café
Mania no país, chá *(çay)* e café *(hahve)* são tomados puros, fortes e com açúcar, em pequenas quantidades. O chá é servido o dia inteiro, em todas as ocasiões. Pode-se pedir chá mais fraco *(açık)* ou sem açúcar. Bebe-se menos café; mais caro do que o chá, vem acompanhado por um copo d'água. Qualquer café solúvel é chamado de Nescafé.

Especialidades

1 Sorvete Elástico
Maraş dondurması usa farinha de bulbo de orquídea como espessante. O sorvete pode ser esticado até formar uma "corda" de 60cm de comprimento.

2 İşkembe Çorbası (Sopa de Tripas)
Dizem que a iguaria local ajuda a curar ressaca.

3 Iogurte de Kanlıca
Firme e cremoso, o iogurte de Kanlıca é o mais fino do país.

4 Lokum (Delícia Turca)
O *rahat lokum* foi inventado por um confeiteiro de Istambul (p. 32). Correu o mundo e pode ser encontrado em vários lugares e sabores, como hortelã e limão. A loja original ainda existe. ◎ *Hamidiye Cad 81, Bahçekapı* • *Mapa Q2* • *(0212) 522 85 43*

5 Simit
Simit é um pão redondo de gergelim, parecido com um pretzel.

6 Gözleme
Gözleme é uma panqueca grande, enrolada e recheada.

7 Mantı
Pastéis recheados de carne de cordeiro moída, servidos com molho ralo de alho.

8 Aşure (Pudim de Noé)
Diz a lenda que esse pudim comemorativo foi criado pela esposa de Noé com o pouco que sobrou na arca, ao final do dilúvio.

9 Elma Çayı (Chá de Maçã)
Nas lojas de tapetes, o chá de maçã é servido como opção ao tradicional.

10 Rakı
Destilado claro feito com anis, similar ao *ouzo* grego; é diluído em água antes de ser bebido.

O aşure leva 40 ingredientes, como grão-de-bico, feijão e frutos secos

Kanyon, Levent; Luminárias no Grande Bazar; Passeio pelo Bazar dos Livros

Mercados e Lojas

1 Grande Bazar (Kapalı Çarşı)
Um dos maiores e mais excitantes centros de compras do mundo, o Grande Bazar começou pelo comércio de sedas, especiarias e ouro, no século XV, e os vende até hoje. Há também luminárias artesanais, casacos de couro e, óbvio, tapetes *(pp. 18-9)*.

Bazar das Especiarias

2 Bazar das Especiarias (Mısır Çarşısı)
Também conhecido como Bazar Egípcio, é o melhor lugar para comprar lembrancinhas em Istambul. Um mar de especiarias, montanhas de rahat lokum e bancas lotadas de presentes baratos e curiosos.

3 Bağdat Caddesi
Essa avenida arborizada de 6km fica na parte asiática de Istambul. Uma das vias mais conhecidas de comércio, abriga uma série de lojas chiques, a exemplo de Burberry e Dolce & Gabbana, além de redes como Zara, GAP e French Connection. Você também encontra lojas de departamentos e butiques que trabalham com as últimas tendências da moda. Cafés, restaurantes e bares recebem os consumidores cansados de bater perna.
Barco para Kadıköy e dolmuş para Bostancı

4 Bazar dos Livros Usados (Sahaflar Çarşısı)
O bazar começou vendendo pedaços de pergaminho com textos do Corão, mas hoje oferece principalmente livros didáticos e sobre a Turquia *(p. 70)*.

5 İstiklal Caddesi
Na rua de compras mais moderna de Istambul, a İstiklal Caddesi, o movimento não cai, dia e noite. Depois de procurar roupas de grife em promoção (na İş Merkezi) ou taças típicas para chá, de vidro (na Paşabahçe), descanse em um dos vários cafés na rua e em suas imediações.

6 Kanyon, Levent
Os descolados vão ao Kanyon, shopping que apresenta a arquitetura mais exótica de Istambul.

7 Nişantaşı
Em Nişantaşı e na vizinha Teşvikiye, os moradores procuram marcas internacionais como Versace e Dior. Não entusiasma tanto quem tem as mesmas lojas em sua terra natal.

8 Parque İstinye
Shopping monumental e luxuoso, fica meio afastado do cen-

Se procura um artigo caro, circule um pouco para verificar o preço. Ao pechinchar, não tenha pressa e seja gentil.

tro, no bairro residencial de İstinye. Os corredores iluminados levam a lojas, restaurantes e áreas de lazer. Entre os destaques incluem-se Hugo Boss, Louis Vuitton e a rede de butiques turcas Vakko.

🛇 *İstinye Bayırı Cad 73, Sariyer*
• *(0212) 345 55 55*
• *www.istinyepark.com*

9 Bazar de Arasta (Arasta Çarşısı)

Esse pequeno e requintado bazar oferece as lembranças mais refinadas da região de Sultanahmet. Organizado para levantar fundos para a manutenção da Mesquita Azul, tem tapetes de qualidade, joias e artesanato em ambiente calmo, próximo de muitos hotéis e atrações turísticas *(pp. 60, 114)*.

10 Çukurcuma, Galatasaray

Muitos visitantes se apaixonam pelo encantador bairro antigo de Beyoğlu, com sua grande variedade de lojas de antiguidades e brechós que expõem mercadorias na calçada das ruas próximas à Turnacıbaşı Sokağı. Essa é uma excelente opção de passeio matinal *(p. 83)*.

Antiquário em Çukurcuma

Boas Compras

1 Tapetes
Os tapetes *(pp. 44-5)* são a verdadeira glória da arte turca, e o visitante pode levar um para decorar a sala.

2 Joalheria
Metais preciosos são vendidos por peso, com um acréscimo pelo trabalho do ourives. Além das opções oferecidas, o cliente pode encomendar peças de seu gosto.

3 Couro
Há casacos, bolsas, carteiras e cintos a bons preços e diversos estilos ou cores. Se der tempo, pode-se encomendar peças exclusivas.

4 Roupas
Pesquise para encontrar roupas da moda de qualidade a bons preços.

5 Tecidos
Algodão e seda fabricados no país têm preços razoáveis. Lenços de seda são um ótimo presente.

6 Especiarias
As montanhas coloridas de temperos são irresistíveis. Comprove se o açafrão é verdadeiro; há opções baratas duvidosas.

7 Reproduções Antigas
Reproduções de miniaturas otomanas podem ser transportadas com facilidade e fazem sucesso na volta.

8 Lembranças
Compre toalhas feitas a mão e itens artesanais de feltro.

9 Contas
As contas azuis, onipresentes, são amuletos contra olho gordo. Quer se acredite ou não, são presentes adequados.

10 Comida
Rahat lokum, amêndoas, avelãs, mel e outros produtos rendem belas lembranças.

Desenho nítido no avesso de um tapete de seda; Tecelão trabalhando; *Cicim*, tecido plano

Tapetes Turcos

1. Origens
A habilidade de tecer tapetes remonta à Antiguidade e vem sendo transmitida através das gerações. Nômades da Ásia Central usavam fios de pelo de cabra para fazer tendas, tapetes e até berços. O material era portátil, quente e quase impermeável. Logo passaram a servir como decoração de parede.

2. Tecido Plano
Um tapete só leva o nome *hali* se tiver nós. Nos tapetes tecidos planos, os fios longitudinais (urdidura) e horizontais (trama) apenas se cruzam. Os *kilims* são sua forma mais básica. Em *cicims*, um terceiro fio cria o desenho – parece bordado. Os *sumacs* são ainda mais intrincados, pois vários fios se entrelaçam, cobrindo a superfície.

3. Tapetes Antigos
Kilims são feitos na Turquia há oito milênios; fragmentos de tapetes com mais de 2 mil anos chegaram a nós. Os mais antigos da Turquia são os dos seljúcidas de Knoya e Beyşehir, na Anatólia Central (século XIII).

4. Material
Os materiais básicos para a confecção de tapetes são lã, algodão mercerizado e seda pura. Os mais finos possuem urdidura de algodão (que forma a base) e trama de lã ou seda; os de tecido plano em geral são só de algodão.

Tapete Hereke

5. Corantes Naturais
Lã barata e algodão são tingidos com corantes químicos, mas nos tapetes finos predominam corantes naturais, como pastel *(Isatis tinctoria)* ou índigo para azul; raiz de garança *(alizari)* para tons avermelhados, do tijolo ao laranja, do rosa ao púrpura; e camomila, sálvia ou açafrão para amarelo.

6. Fábrica Imperial de Tapetes Hereke
A fábrica de Hereke, 60km a leste de Istambul, foi inaugurada em 1843 para atender à corte otomana. Os tapetes, feitos de seda de Bursa, eram maiores e mais refinados do que os conhecidos até então.

7. Tapetes de Oração
Os *namazlıks* contêm geralmente a imagem de um *mihrab* (nicho de oração voltado na direção de Meca). O tapete deve ser carregado e estendido na direção dessa cidade sagrada do islã, para as orações, cinco vezes por dia.

Não se esqueça dos tecidos: a Turquia é um centro mundial de produção de feltro, com tradição secular

Tapete de oração

Dicas para Comprar Tapetes

1 Escolha o Lugar
Antes de viajar, decida onde vai pôr o tapete para saber o tamanho e a cor mais adequados.

2 Pesquise
Faça uma pesquisa na internet para descobrir as lojas que vendem os tapetes de melhor qualidade.

3 Vitrines
Procure uma loja de preços fixos para ter uma ideia dos tipos que agradam e de seu custo.

4 Tenha Paciência
Entre na loja de tapetes, relaxe, tome um chá. Não sinta culpa se o vendedor abrir todos os tapetes da loja para mostrar.

5 Veja os Nós
Confirme o número de nós – quanto mais, melhor.

6 Confira a Origem
Descubra a idade do tapete, onde foi feito e as tradições da área.

7 Pechinche
Comece na metade do preço inicial e vá subindo.

8 Remessa
Recuse ofertas com "remessa incluída". Se levar o tapete, poderá entrar com ele em seu país. Se for despachado, você pagará taxas alfandegárias.

9 Taxas
Nota ou pagamento em cartão de crédito elevará o custo, pois o vendedor terá de pagar imposto sobre a venda. Se comprar e pagar impostos, peça o formulário para ressarcimento.

10 Certificação
Todas as antiguidades precisam de um certificado do Ministério da Cultura para saírem do país *(p. 109)*.

8 Simbologia
As mulheres tecem suas vidas e anseios nos tapetes. Procure alusões à boa sorte (o *elibelinde*, ou mãos na cintura), destino (estrela de oito pontas), deusa-mãe (mãos nos quadris) e heroísmo (chifre de carneiro).

9 Número de Nós
Quanto maior o número de nós, mais firme é a trama e mais durável o tapete, além de o desenho ficar mais nítido. Um tapete de baixa qualidade tem nove nós por cm²; um exemplar de lã e algodão de primeira recebe cerca de 49 nós por cm²; os Hereke mais finos, de seda, chegam ao impressionante número de 400 nós ou mais por cm² – ou seja, 3.240.000 nós por m².

10 Estilos Regionais
Os tapetes costumavam ser feitos numa profusão de estilos regionais marcantes. Isso se perdeu em parte, conforme os tapeceiros simplificaram os desenhos para atingir o mercado internacional.

Um comerciante de tapetes idôneo providenciará os documentos necessários para pagar taxas e exportar o produto

Black Eyed Peas no One Love Festival

Festivais e Eventos

1 Festival Internacional de Cinema de Istambul
Desde sua criação, em 1982, o festival, que dura duas semanas, exibiu mais de 3 mil filmes de 76 países. Um dos destaques é o prêmio de carreira, instituído em 1996, que já laureou os artistas franceses Alain Delon e Jeanne Moreau. A maioria das exibições acontece nos cinemas próximo à İstiklal Caddesi.
- Diversos locais
- (0212) 334 07 00
- Abr • www.iksv.org

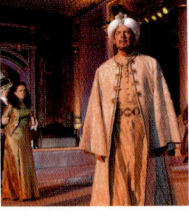

2 Carnaval Baklahorani (Tatavla)
Até 1943, as áreas gregas do bairro de Kurtuluş sediavam um colorido carnaval anual na segunda-feira antes do início da quaresma. Recentemente, o carnaval foi restaurado e, apesar de ter perdido as influências gregas originais, ainda é divertido se juntar ao povo fantasiado que desfila pelas ruas. A noite em geral termina com um show.
- Mar

3 One Love Festival
Além de rock turco, diversas atrações internacionais reforçam os dois dias desse festival de verão – artistas como Morrissey, Black Eyed Peas e Manu Chao já participaram do evento.
- Ligue para obter informações sobre o evento • (0212) 334 01 00 • Jul
- www.pozitif.info

Il Seraglio, de Mozart, no Festival Internacional de Música e Dança de Istambul

4 Festival Internacional de Música e Dança de Istambul
A fascinante reunião de solistas, grupos e orquestras faz a fama desse respeitado festival desde 1973. A ópera de Mozart *O rapto do Serralho* é encenada anualmente no Palácio Topkapı.
- Vários eventos • (0212) 334 07 00 • Jun • www.iksv.org

5 Competições Internacionais de Natação, Remo e Vela Ásia-Europa
Os competidores do evento partem de vários pontos para cruzar o estreito de Bósforo: Kanlıca para natação, Arnavutköy para remo e Kandilli para vela. As três provas terminam em Kuruçeşme. Outros eventos: esqui aquático, jet-ski e mergulho.
- Jul • (0212) 560 07 07
- www.bogazici.cc

Competição de vela Ásia-Europa

Data do Şeker Bayramı: 5-7 jul (2016)

Funk Off, banda italiana de jazz, na İstiklal Caddesi, durante o Festival Internacional de Jazz

6 Festival Internacional de Jazz de Istambul

A origem do festival foi um concerto de Chick Corea e Steve Kujala no Festival de Música de Istambul de 1984. Tornou-se evento independente em 1994. A abrangência musical é grande, indo de Björk e Elvis Costello até Brad Mehldau. Os shows são realizados em diversoslocais, como casas noturnas tradicionais, ao ar livre e até nos barcos que percorrem o Bósforo. ✆ *Diversos eventos • (0212) 334 07 00 • Jul • www.iksv.org*

7 Maratona de Istambul (Eurásia)

Todo mês de novembro, atletas têm a chance de participar da única maratona transcontinental do mundo – durante parte do dia a Ponte do Bósforo fica fechada para permitir a passagem dos corredores da Europa para a Ásia.
✆ *Nov • Ligue antes para ingressos (0212) 453 30 00 • www.istanbul marathon.org/*

8 Bienal Internacional de Belas-Artes de Istambul

A Bienal de Istambul mostra artes visuais contemporâneas da Turquia e de outros países. Cada edição é dirigida por um curador de nacionalidade diferente, que escolhe o tema e organiza o programa de exposições, conferências e debates. ✆ *Diversos eventos • (0212) 334 07 00 • Set-nov, anos ímpares • www.iksv.org*

9 Festival do Açúcar (Şeker Ramazan Bayramı)

O Festival do Açúcar marca o encerramento do mês do jejum, o Ramadã. As pessoas distribuem doces, visitam parentes e assistem eventos culturais. Os bares e casas noturnas de Istambul voltam a lotar. Muitos aproveitam o feriado para tirar alguns dias de folga e viajar.
✆ *Três dias, datas móveis*

10 Festa do Sacrifício (Kurban Bayramı)

Conhecida também como Eid-ul-Adha, a Festa do Sacrifício celebra a versão corânica do sacrifício de Abraão. Os muçulmanos comemoram a data matando um carneiro na manhã do primeiro dia do festival. Amigos e familiares são convidados para um banquete, mas boa parte da carne vai para os pobres. Trata-se do feriado nacional mais importante da Turquia. Quase tudo fecha, e o sistema público de transporte funciona de maneira bastante precária. ✆ *Quatro dias, datas móveis*

Data da Kurban Bayramı: 11-14 set (2016)

Museu do Brinquedo de Istambul; Carruagem a cavalo, Büyükada

Atividades para Crianças

1. Aqua Club Dolphin
Esse imenso parque aquático nos subúrbios de Istambul é repleto de brinquedos e escorregadores. Ideal para um dia de descanso entre as atrações e agitações da cidade. ◎ *Cemal Paşa Cad, Esenkent • (0212) 672 61 61 • Aberto 9h-18h diariam (até 19h no verão) • Entrada paga • www.aquaclubdolphin.com*

Mesquita de Suleiman, Miniatürk

2. Miniatürk
Perfeito para crianças – e turistas apressados –, o Miniatürk reúne todos os prédios turcos importantes (em escala 1:25) num belo parque, no extremo do Chifre de Ouro *(p. 73)*.

3. Ilhas dos Príncipes (Adalar)
Pegue o barco para Büyükada ou Heybeliada e, depois, siga de carruagem até a praia, para um dia divertido. Não se esqueça de reservar a volta, ou terá de fazer uma longa caminhada *(p. 52)*.

4. Museu do Brinquedo (Oyuncak Müzesi)
Um dos museus mais modernos da cidade, conta com 4 mil peças – de bonecas de pano das crianças turcas a aviões e brinquedos de lata, trens elétricos e uma galeria do Velho Oeste *(p. 97)*.

5. Barcos do Bósforo
Os barcos cruzam o Bósforo, desviando das proas altas dos petroleiros, em meio a iates e pesqueiros. Lindas vistas e preços baixos garantem um dos melhores programas de Istambul *(pp. 28-9, 104)*.

6. Turkuazoo
As crianças adoram esse aquário gigantesco, que tem um túnel de 90m sob a água, dando aos visitantes uma visão panorâmica das criaturas marinhas residentes.
◎ *Shopping Center Forum, Bayrampaşa, a 5km do Aeroporto Internacional Atatürk • (0212) 640 27 40 • Aberto 10h-20h diariam • Entrada paga*

Mergulhador e peixes no Turkuazoo

Crianças que gostam de mecânica vão adorar o Museu Rahmi Koç (p. 74)

7. Fortaleza da Europa (Rumeli Hisarı)

O castelo, erguido por Mehmet, o Conquistador, em quatro meses, no ano de 1452, tem bastante espaço para a criançada correr sob supervisão – três torres, pátio imenso e anfiteatro *(p. 90)*.

Banda Mehter, Museu Militar

8. Banda Mehter

Por vários séculos a Banda Mehter acompanhou as tropas otomanas nas batalhas, tocando música marcial. Hoje, de farda vermelha, preta e dourada, os músicos se apresentam no Museu Militar *(p. 80)*. Som alto, muito interessante.

9. Museu da Pipa (Uçurtma Müzesi)

Esse museu colorido expõe uma coleção de pipas do mundo todo. Workshops para crianças são organizados nos fins de semana.
• *Mapa X2* • *(0212) 553 23 37*
• www.ucurtmadunyasi.com

10. Hipismo e Equitação

O hipódromo de Veliefendi promove corridas várias vezes por semana. Os jovens podem montar no Pony Club, onde os cavalinhos estão disponíveis gratuitamente. • *İstanbul Veliefendi Hipodromu, Ekrem Kurt Bulvarı, Bakırköy* • *(0212) 444 08 55*
• *Corridas meados abr-meados nov, 2-3 vezes por semana* • *Entrada paga*
• www.tjk.org

Áreas Verdes

1. Büyük Çamlıca
Linda vista do morro mais alto da cidade *(p. 98)*.

2. Maçka Parkı
Fazia parte do conjunto do Palácio Dolmabahçe. No verão, tem cafés e um pequeno parque de diversões. • *Mapa B5*

3. Parque Chifre de Ouro
Desde a reforma, a margem oeste do Chifre de Ouro tornou-se um imenso parque, indo de Fener a Eyüp. • *Mapa A4-B5*

4. Praça Sultanahmet
O amplo espaço aberto em torno da Basílica de Santa Sofia e da Mesquita Azul se funde ao Hipódromo em um requintado jardim com fonte *(p. 60)*.

5. Gülhane Parkı
Antigo jardim do Palácio Topkapı, o Parque Gülhane é hoje a maior área aberta da Cidade Velha.

6. Gezi Parkı
Colado à movimentada praça Taksim, o parque Gezi ganhou fama após os protestos de rua de 2013 como o último espaço verde de Beyoğlu. • *Mapa H1*

7. Floresta Belgrado (Belgrat Ormanı)
A área é muito popular para piqueniques *(p. 52)*.

8. Emirgan Parkı
O Parque Emirgan sedia anualmente o Festival da Tulipa *(p. 92)*.

9. Yıldız Parkı
O Parque Yıldız era o jardim do Palácio Çırağan *(pp. 89, 92)*.

10. Polonezköy
Lugar rústico 25km a nordeste de Istambul, rodeado por um bosque de faias, é muito procurado por aqueles que gostam de caminhadas *(p. 52)*.

Top 10 Istambul

Leb-i-Derya; Vogue

🔟 Restaurantes

1 Asitane
Os sabores e aromas complexos da cozinha imperial otomana foram recuperados (após pesquisas profundas) no Asitane. Centenas de anos depois, a sopa de amêndoas, o melão recheado de cordeiro picado e o kebab de ganso continuam dignos de um sultão *(p. 77)*.

2 Leb-i-Derya
Um dos lugares mais sofisticados da cidade nova, oferece coquetéis, pratos fabulosos, gente elegante, vista maravilhosa e música até tarde. É preciso chegar cedo para conseguir lugar no terraço da cobertura *(p. 85)*.

3 Changa
Comida, bebida e ambiente formam o cenário para um jantar requintado nesse restaurante em Taksim, perto do Bósforo. O cardápio fusion mistura com competência influências asiáticas e mediterrâneas. Boa carta de coquetéis, com opções inusitadas *(p. 85)*.

4 The Seasons Restaurant
The Seasons é o restaurante do hotel Four Seasons, em expresídio otomano. Em vez de muralhas, o vidro cerca o jardim em lindo pátio. Comida mediterrânea moderna, criativa e deliciosa. Serviço atencioso *(p. 63)*.

5 Feriye Lokantası
Situado numa delegacia de polícia do século XIX, nas margens do Bósforo, esse restaurante da moda apresenta uma nova abordagem da culinária turca, combinando receitas tradicionais com toques europeus para criar uma das experiências culinárias mais excitantes da cidade *(p. 93)*.

6 Vogue
Mulheres magras e belas bebericam apple martinis no restaurante superdescolado da cobertura, todo decorado com couro branco e cromados. O modernismo chique está no cardápio e no cenário *(p. 93)*.

7 Mikla
Reserve uma mesa externa no restaurante da cobertura do hotel Marmara Pera, para uma vista perfeita do Chifre de Ouro e da cidade, dezessete andares abaixo. A cozinha mediterrânea ganha toques turcos e nórdicos. Decoração elegante e piscina ao lado do bar. Depois de alguns coquetéis, os sofás brancos e fofos garantem um bom descanso.
🕿 *Marmara Pera, Meşruti-yet Cad 15, Beyoğlu • Mapa J5 • (0212) 293 56 56 • $$$$*

Seasons Restaurant

Para os restaurantes citados nestas páginas, recomenda-se fazer reserva com alguma antecedência

360

Acotovele-se com os jovens abastados de Istambul nesse espetacular bar com varanda. Beba enquanto aprecia a vista deslumbrante do Bósforo e do Chifre de Ouro, depois recue para o interior espaçoso e bem iluminado para experimentar delícias como salicórnia com broto de soja, beef tartar vietnamita, lula na polenta, risoto de frutos do mar, confit de lombo de cordeiro, sorbet Margarita e baklava de pistache *(p. 84)*.

Vista do terraço do restaurante 360

Balıkçı Sabahattin

Essa é uma tradicional casa turca, bem autêntica. Restaurante de peixes (desde 1927), está instalado em construção antiga, com tapetes e utensílios de cobre. No terraço, violinistas ciganos tocam com entusiasmo. A comida é excelente, mas não existe cardápio – a escolha fica entre alguns dos meze e o prato do dia *(p. 63)*.

Giritli

Pratos cretenses, a exemplo de perca em estilo ceviche e de azeitonas verdes curadas, transportam os clientes desse restaurante a uma ilha grega, por uma noite. O cardápio de preço fixo inclui bebidas, seleção de meze e peixe preparado de maneira bem caprichada. A localização da casa restaurada e o jardim são um extra *(p. 63)*.

Locais de Lazer

Al Jamal
Oferece uma noite deslumbrante com pratos requintados e dança do ventre *(p. 84)*.

Orient House
Dervixes rodopiantes e bailarinas da dança do ventre são os destaques *(p. 71)*.

Babylon
Um dos melhores locais da cidade para eventos de rock, world music e outros *(p. 84)*.

Cemal Reşit Rey Concert Hall
Concertos diários com clássicos turcos e ocidentais, além de world music. *Darülbedayı Cad 1, Harbiye • Mapa B4 • (0212) 232 98 30 • www.crrkonsersalonu.org*

Centro Cultural Aksanat (Akbank)
O destaque são os espetáculos de música e teatro. *İstiklal Cad 8 • Mapa L4 • (0212) 252 35 00 • www.akbanksanat.com*

Zorlu Centre
Centro de artes performáticas, sedia concertos de música clássica e pop. *Zincirlikuyu Cad, Beşiktaş • (0850) 222 67 76 • www.zorlucenter.com*

Ortaköy
O bairro de Ortaköy, à margem do Bósforo, abriga diversas casas noturnas agitadas, como Anjelique, Reina e Blackk.

Nardis Jazz Club
Jazz ao vivo em ambiente acolhedor *(p. 84)*.

Salon İKSV
A organização artística mais importante de Istambul oferece os melhores espetáculos de jazz e música clássica *(p. 84)*.

Süreyya Opera House
Casa art déco inspirada nos teatros dos anos 1920. Óperas e balés. *Bahariye Cad 29, Kadıköy • Mapa U5 • (0216) 346 15 31 • www.sureyyaoperasi.org*

Veja outras sugestões nas pp. 63, 71, 77, 85, 93, 99

Museu Arqueológico, İznik; Parque Koza, Bursa

Excursões a Partir de Istambul

1. Ilhas dos Príncipes (Adalar)
Praias desertas, pinheirais e mosteiros antigos tornam as nove ilhas no mar de Mármara um repouso da agitação da cidade. A viagem é tranquila, e muitos barcos saem de Istambul (Kabataş) para as quatro maiores ilhas: Kınalıada, Burgazada, Heybeliada e Büyükada. Em Büyükada e Heybeliada, os únicos meios de transporte são cavalo e carruagem, ou anda-se a pé. Veículos motorizados, só para serviços essenciais.
12km a sudoeste de Istambul

Porto de Burgazada, ilhas dos Príncipes

2. Yalova
Os barcos também atracam em Yalova, spa na costa norte do golfo de İzmit. Os turcos buscam fontes e piscinas termais nesse local. *24km a sudeste de Istambul*

3. Floresta Belgrado (Belgrat Ormanı)
Maior área verde nos arredores de Istambul, a floresta Belgrado é um parque próprio para piqueniques e prática de esportes. *20km ao norte de Istambul*

4. Polonezköy
Polonezköy começou como enclave polonês em meados do século XIX. Hoje praticamente não há mais representantes dessa nacionalidade ali, mas o vilarejo continua popular pelo charme histórico e rural, bem como pela carne de porco (proibida pela lei islâmica) e pelas caminhadas relaxantes.
25km a nordeste de Istambul

5. Praias do Mar Negro
Kilyos e Şile, na costa do mar Negro, são as praias mais próximas de Istambul e valem o dia de viagem. Não sobra muito espaço na areia nos fins de semana de verão. Em ambas há correntes perigosas – deve-se nadar apenas nas áreas demarcadas como seguras. *Kilyos fica a 27km de Istambul; Şile (lado asiático), a 72km*

6. Galípoli (Gelibolu)
Um dia de passeio basta para conhecer um dos maiores campos de batalha da Primeira Guerra Mundial, onde há cemitérios e memoriais no Parque Histórico Nacional de Galípoli (Gelibolu Yarımadası Tarihi Milli Parkı); as visitas podem ser marcadas em Istambul, Eceabat ou Çanakkale. Na enseada de Anzac (Anzak Koyu), onde milhares de australianos, neozelandeses e turcos morreram em 1915, seus descendentes se encontram todos os anos em 25 de abril para a cerimônia do Dia de Anzac. Reserve hotel com alguma antecedência. *Na costa do Egeu, 350km a oeste de Istambul*

> *Todo Dia de São Jorge (23 abr), cristãos e muçulmanos fazem uma peregrinação até o monastério de Büyükada*

7 Edirne

Capital otomana no século XV, Edirne registra em sua história a ocupação por gregos, búlgaros e russos. Mais conhecida pela Mesquita Selimiye, obra de Sinan do século XVI, a cidade também conta com belos edifícios otomanos e o festival de Yağlı Güreş (luta-livre no óleo), realizado no verão.
✆ 230km a noroeste de Istambul

Mesquita Selimiye, Edirne

8 Bursa

Cidade histórica, Bursa exibe alguns dos melhores exemplos da arquitetura otomana, inclusive a mesquita e a *türbe* (tumba) de Murat I. Vale conhecer também o subúrbio de Çekirge, famoso pelos spas, e o parque nacional Uludağ, centro de esqui mais badalado do país. ✆ 90km ao sul de Istambul

9 Troia (Truva)

A *Ilíada* de Homero nos conta o cerco de dez anos à antiga cidade de Troia por um exército grego, no século XIII a.C. Historiadores presumiam que Troia fosse um lugar mítico, até que escavações na região do Dardanelos – iniciadas pelo arqueólogo alemão Heinrich Schliemann no século XIX – revelaram ruínas de pelo menos nove cidades, datadas de 3000 a.C. em diante. A Troia de Homero era provavelmente o nível chamado Troia VI (1700-1250 a.C.). A visão mais impressionante é a da muralha de Troia IV. ✆ *a 380km de Istambul, na costa do Egeu • (0286) 283 05 36 • 8h30-17h diariam • Pago*

10 İznik

Em İznik (conhecida na época romana e cristã como Niceia), o imperador Constantino promoveu um concílio em 325 para produzir uma compilação unificada das crenças cristãs: o Credo de Niceia. A cidade foi rebatizada de İznik quando Orhan Gazi a capturou em 1331. İznik ganhou fama pela cerâmica, em especial pelos azulejos pintados que adornam muitas mesquitas otomanas. ✆ 87km a sudeste de Istambul

É melhor visitar a floresta Belgrado durante a semana; nos fins de semana de verão o parque fica lotado

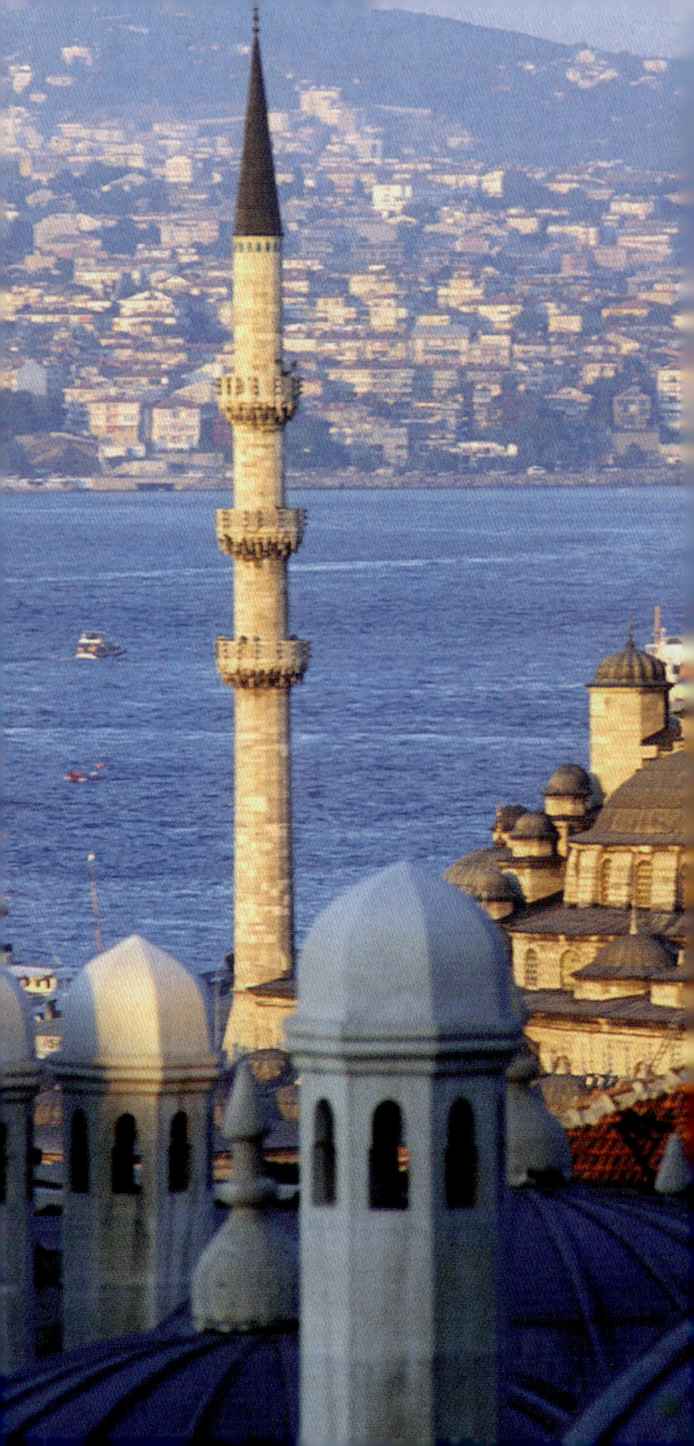

ÁREA POR ÁREA

Sultanahmet e Cidade Velha
56-63

Bairro dos Bazares e Eminönü
66-71

Chifre de Ouro, Fatih e Fener
72-7

Beyoğlu
78-85

Bósforo
88-93

Istambul Asiática
94-9

TOP 10 ISTAMBUL

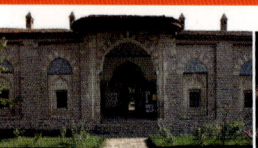

Museu de Artes Turcas e Islâmicas; Banhos de Cağaloğlu

Sultanahmet e Cidade Velha

NESSA ÁREA HISTÓRICA encontram-se muitos destaques da cidade, que foi sucessivamente o centro de Bizâncio, de Constantinopla e da Istambul otomana. Arqueólogos dataram do século VI a.C. a ocupação do ponto estratégico na entrada do Chifre de Ouro, mas os registros históricos principiam em 667, quando o colonizador grego Byzas fundou Bizâncio, no cabo do Serralho (onde está hoje o Palácio Topkapı). Em 324, Constantino transformou o porto na deslumbrante Constantinopla, nova capital do Império Romano. Em 1453, quando os otomanos conquistaram o poder, a cidade estava decadente e caótica. Os novos governantes firmaram sua autoridade com a reforma e a construção de edifícios, tanto seculares como religiosos.

Vista da Mesquita Azul

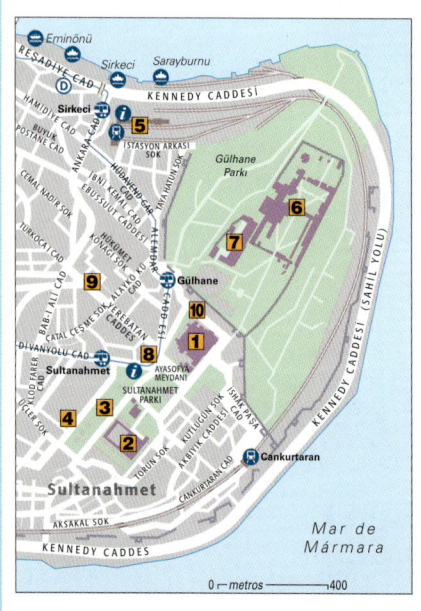

Destaques

1. Basílica de Santa Sofia
2. Mesquita Azul
3. Hipódromo
4. Museu de Artes Turcas e Islâmicas
5. Estação de Sirkeci
6. Palácio Topkapı
7. Museu Arqueológico
8. Cisterna da Basílica
9. Banhos de Cağaloğlu
10. Soğukçeşme Sokağı

Nas páginas anteriores, vista da Istambul asiática do Chifre de Ouro, com o Bazar das Especiarias e a Mesquita Nova em primeiro plano

Área por Área – Sultanahmet e Cidade Velha

1 Basílica de Santa Sofia (Ayasofya)

Consagrada por Justiniano no ano 537, a "Igreja da Sagrada Sabedoria" presta tributo duradouro a seus arquitetos, Isidoro de Mileto e Antêmio de Trales, que criaram um monumento capaz de resistir a guerras e terremotos. A cúpula central só foi superada quando da construção da Basílica de São Pedro, em Roma, mil anos depois *(pp. 12-3)*.

A Basílica de Santa Sofia vista dos jardins

2 Mesquita Azul (Sultanahmet Camii)

A mesquita do sultão Ahmet I começou a ser erigida em 1609, na frente da Basílica de Santa Sofia, sobre o Grande Palácio de Constantino, para enfatizar a supremacia do islã e do Império Otomano sobre a Bizâncio cristã *(pp. 14-5)*.

3 Hipódromo (At Meydanı)

Hoje um calmo parque, o Hipódromo servia para as corridas de carros bizantinas, e no local cabiam 100 mil pessoas. Erguido no século III pelo imperador Sétimo Severo, foi ampliado por Constantino e ligado ao Grande Palácio adjacente. Três grandes monumentos se destacam: o Obelisco Egípcio, ou Obelisco de Teodósio (Dikilitaş), de c. 1500 a.C., trazido por Teodósio de Luxor; a Coluna das Serpentes (Yilanlı Sütun), do Templo de Apolo em Delfos, na Grécia, esculpida em 479 a.C.; e a Coluna de Constantino VIII Porfirogeneta (Ormetaş), sem datação conhecida, que leva o nome do imperador que a restaurou no século X. O estádio tinha quatro cavalos de bronze, mas eles foram pilhados pelos cruzados em 1204 e hoje enfeitam a Catedral de São Marcos, em Veneza.

Mapa Q5

Obelisco Egípcio e Coluna das Serpentes, Hipódromo

4 Museu de Artes Turcas e Islâmicas (Türk ve İslam Eserleri Müzesi)

Esse museu ocupa um magnífico palácio construído para İbrahim Paşa (c. 1493-1536), grão-vizir e genro de Suleiman, o Magnífico. Ele abriga uma coleção notável, com mais de 40 mil itens datados do século VII até o presente. Entre os destaques do acervo estão peças de arte e artesanato e artefatos que mostram a evolução da vida doméstica turca, da tenda nômade às habitações modernas.

- At Meydanı 46
- Mapa Q5
- (0212) 518 18 05
- Aberto 9h-17h ter-dom
- Entrada paga
- www.tiem.gov.tr

57

5 Estação de Sirkeci (Sirkeci Garı)

Inaugurado oficialmente em novembro de 1890, o glamoroso terminal do Expresso do Oriente foi projetado pelo arquiteto alemão August Jasmund em estilo eclético, reunindo elementos das diversas tradições arquitetônicas de Istambul. A estação também abriga um museu ferroviário *(p. 35)* e um bom restaurante *(p. 63)*. Sirkeci é a parada final para os últimos trens que vêm da Europa e também a conexão para o túnel Marmaray, que conduz os trens sob o Bósforo até Üsküdar, no lado asiático.

Ⓢ *İstasyon Cad* • *Mapa R2* • *(0212) 520 65 75* • *Museu aberto 9h-17h ter-sáb* • *Grátis*

6 Palácio Topkapı (Topkapı Sarayı)

O grande palácio do Império Otomano serviu de morada e de sede do governo para os primeiros sultões. Explorar o conjunto inteiro exige pelo menos um dia; os destaques são o Harém e o Tesouro *(pp. 8-11)*.

"Sala das Frutas", Harém do Palácio Topkapı

7 Museu Arqueológico (Arkeoloji Müzesi)

Um dos melhores museus históricos do mundo, conta com três seções principais: o Museu do Antigo Oriente, com os portões da Babilônia, entre outras peças; o Quiosque Azulejado, com uma preciosa coleção de cerâmicas; e o Museu principal, em que os sarcófagos encontrados em Sídon, no Líbano, são a principal atração *(pp. 16-7)*.

Estátua romana de Apolo, Museu Arqueológico

8 Cisterna da Basílica (Yerebatan Sarnıcı)

O belo "palácio submerso", como diz o nome turco, tem propósito prático: foi construído para armazenar uma grande quantidade de água. Constantino iniciou a obra, depois ampliada por Justiniano em 532 para garantir o suprimento de água de Constantinopla. Possui 9.800m² de área, que guardavam 80 milhões de litros. O teto da cisterna, sustentado por 336 pilares, tem 8m de altura. As cabeças da Medusa, invertidas, foram tiradas de prédios antigos. Na atração turística mais curiosa de Istambul realizam-se com frequência concertos e filmagens.

Ⓢ *Yerebatan Cad 13* • *Mapa R4* • *(0212) 522 12 59* • *Aberto 9h-18h30 diariam* • *Entrada paga* • *www.yerebatan.com*

Suleiman I

Conhecido no Ocidente como "o Magnífico", Suleiman I preferia o título de Kanuni, "o legislador". Ele subiu ao trono em 1520, aos 26 anos, e reinou por 46 anos. Dobrou o tamanho do Império Otomano e consolidou, como califa (líder supremo da fé islâmica), a autoridade sunita sobre a xiita. Compilou o Códex Suleimanicus, um sistema legal que definiu o conceito de justiça e garantiu tratamento igual a todos. Suleiman foi também patrono das artes, poeta e ourives.

O nome Sultanahmet homenageia o sultão Ahmet I, que mandou erguer a Mesquita Azul (pp. 14-5)

9 Banhos de Cağaloğlu (Cağaloğlu Hamamı)

Uma das casas de banho mais conhecidas e interessantes, o Cağaloğlu Hamamı foi construído em 1741 pelo sultão Mahmut I, com a intenção de prover fundos para sua biblioteca da Basílica de Santa Sofia. Personalidades internacionais como o rei Eduardo VIII, Harrison Ford, Florence Nightingale e Cameron Diaz tomaram banho no local. Em época mais recente, os banhos vêm servindo para locação de filmes e ensaios editoriais de moda. ◎ *Prof Kazım İsmail Gürkan Cad 34* • *Mapa Q3* • *(0212) 522 24 24* • *Aberto diariam: homens, 8h-22h; mulheres, 8h-20h* • *Entrada paga* • *www.cagaloglu hamami.com.tr*

10 Soğukçeşme Sokağı

Na ladeira calçada em pedra, que vai da muralha do Palácio Topkapi até a Basílica de Santa Sofia, vê-se um desfile de belas mansões otomanas pertencentes a antigos mercadores. A rua foi restaurada, como parte de projeto dos anos 1980, pioneiro em Istambul. Nove casas formam o Ayasofya Konakları *(p. 114)*, primeiro hotel típico local. ◎ *Mapa R4*

Soğukçeşme Sokağı

Um Dia em Sultanahmet

Manhã

Acorde ao chamado do *muezim* para visitar a **Mesquita Azul** assim que ela abrir. Cruze depois a praça até chegar à **Basílica de Santa Sofia**, e depois visite a **Cisterna da Basílica**, o **Hipódromo** e o **Museu de Artes Turcas e Islâmicas**. Passeie pelo **Bazar de Arasta** *(p. 60)* e pelo **Museu do Mosaico** *(p. 60)*. Pode parecer demais para uma manhã apenas, mas é pequena a distância entre as atrações, que são em geral (exceto pelas duas primeiras) simples, ideais para uma visita rápida. De todo modo, para relaxar depois basta escolher um café ou restaurante em **Divanyolu** *(p. 60)* e mandar cartões-postais para os amigos.

Tarde

Escolha entre duas opções: a caminhada até o **Palácio Topkapi**, para mergulhar nas intrigas, revoltas e assassinatos da corte otomana, ou o passeio pelas ruelas até chegar aos **Banhos de Cağaloğlu**, e, depois de um relaxante banho turco, voltar à **Soğukçeşme Sokağı** para conhecer o imenso **Museu Arqueológico**. Se estiver com disposição, desça a ladeira para dar uma volta pela orla, em Eminönü; o bonde leva de volta a Sultanahmet, onde bares e restaurantes são ótima opção para ver do alto o sol se pôr e as luzes se acenderem para a iluminação noturna da Basílica de Santa Sofia e da Mesquita Azul.

Área por Área – Sultanahmet e Cidade Velha

Veja mais detalhes sobre banhos turcos nas **pp. 24-5**

Museu do Mosaico; Banhos de Roxelana; Caligrafia no Centro de Artesanato de Istambul

Sultanahmet: Outras Atrações

1. Praça Sultanahmet (Sultanahmet Meydanı)
Área arborizada, antigo hipódromo de Constantinopla, fica entre a Mesquita Azul e a Basílica de Santa Sofia. ◎ Mapa R4

2. Monumento do Milhão (Milyon Taşi)
Essa coluna de mármore pode ser encontrada ao norte da praça Sultanahmet. A partir do século IV foi usada como marco zero para medir distâncias de diversas cidades do Império Bizantino. ◎ Basílica de Santa Sofia • Mapa R4

3. Banhos de Roxelana (Hürrem Sultan Hamamı)
Casa de banhos construída para Suleiman, o Magnífico, batizada em homenagem a sua primeira esposa, tida como manipuladora.
◎ Ayasofya Meydanı • Mapa R4 • (0212) 517 35 35 • Aberto 8h-22h diariam
• www.ayasofyahamami.com

4. Bazar de Arasta (Arasta Çarşısı)
Erigido com o fim de prover recursos para a Mesquita Azul, abriga 40 lojas de tapetes e lembranças.
◎ Mapa R5 • Aberto 9h-21h diariam

5. Grande Palácio do Museu dos Mosaicos (Büyük Sarayı Mozaik Müzesi)
Pouco resta do imenso palácio do imperador Justiniano, do século VI, além desse piso em mosaico.
◎ Bazar de Arasta • Mapa R6 • (0212) 518 12 05 • Aberto 9h-18h verão; 9h-16h inverno • Entrada paga

6. Caferağa Medresesi
Oportunidade para ver artesãos trabalhando, de cerâmica a caligrafia, em centro de estudos islâmicos do século XVI, onde você pode adquirir produtos e até fazer cursos. ◎ Caferiye Sok, Soğukkuyu Çıkmazı 1 • Mapa S5 • (0212) 513 36 01 • Aberto 9h-19h seg-sáb
• Grátis

7. Fonte do Kaiser Guilherme
O imperador alemão Guilherme II presenteou o sultão Abdül Hamit II com essa fonte neobizantina em 1901. ◎ At Meydanı • Mapa R4

8. Divanyolu Caddesi
Divanyolu era a *Mese* – via principal – da Constantinopla bizantina e da İstambul otomana, e segue até a costa albanesa.
◎ Mapa Q4

9. Cisterna das 1.001 Colunas (Binbirdirek Sarnıcı)
Na verdade são só 224 colunas nessa cisterna elegante do século IV. Hoje abriga cafés e eventos com música ao vivo. ◎ Binbirdirek, İmran Öktem Cad 4 • Mapa Q4 • (0212) 518 10 01 • 9h-21h diariam • Entrada paga • www.binbirdirek.com

10. Museu do Tapete (Halı Müzesi)
A antiga cozinha da sopa otomana perto da Hagia Sophia abriga alguns dos mais antigos tapetes e *kilims* da Anatólia. ◎ Kabasakal Cad, Sultanahmet • Mapa G5 • (0212) 512 69 93
• www.sultanahmethamami.com

Mesquita Sokullu Mehmet Paşa; Ex-Igreja de São Sérgio e São Baco; Ex-Igreja de São João

Cidade Velha: Outras Atrações

1. Haghia Eirene (Aya İrini Kilisesi)
Construída no século VI sobre ruínas de outra igreja, Haghia Eirene foi a catedral até a Basílica de Santa Sofia ficar pronta. Serviu depois de arsenal otomano, e hoje apresenta concertos. ◊ *Palácio Topkapı (Primeiro Pátio)* • *Mapa S3* • *(0212) 512 04 80* • *Aberto 9h-16h ter-dom* • *Entrada paga*

2. Túmulos Imperiais
Projetados por Garabet Balyan, os túmulos dos três últimos sultões otomanos, Mahmud II, Abdül Aziz e Abdül Hamid II, ficam em um cemitério na agitada Divanyolu. ◊ *Divanyolu* • *Mapa O4*

3. Museu da História da Ciência e da Tecnologia Islâmicas
Bem organizado, exibe modelos interessantes de invenções científicas. ◊ *Gülhane Parkı* • *Mapa R3* • *(0212) 528 80 65* • *Aberto 9h-17h qua-seg* • *Entrada paga* • *www.ibttm.org*

4. Muralha da Costa
Supostamente construída por Sétimo Severo e ampliada por Teodósio *(p. 75)*. A melhor vista da muralha se obtém na principal via costeira.
◊ *Kennedy Cad* • *Mapa M-S6*

5. Palácio Bucoleone
Três imensas janelas de mármore observam o mar do último fragmento do Grande Palácio, adjacente à muralha da costa. ◊ *Kennedy Cad* • *Mapa Q6*

6. Ex-Igreja de São Sérgio e São Baco (Küçük Ayasofya Camii)
Conhecida como "Pequena Basílica de Santa Sofia", a igreja foi construída em 527 e virou mesquita em 1500. As colunas de mármore e o friso com inscrição grega são originais. ◊ *Küçük Ayasofya Camii Sok* • *Mapa P6*

7. Kumkapı
O antigo porto bizantino ostenta hoje uma profusão de animados restaurantes de frutos do mar *(p. 63)*. ◊ *Mapa M6*

8. Mesquita do Sokollu Mehmet Paşa
Construída por Sinan para o grão-vizir Sokollu Mehmet Paşa, a adorável mesquita atrás do Hipódromo tem azulejos de İznik, pintura no teto e quatro pedras negras da Caaba de Meca. ◊ *Camii Kebir Sok* • *Mapa P5* • *Aberta diariam exceto durante orações; a visita ao interior da mesquita pode exigir acompanhamento do zelador*

9. Castelo Yedikule
Fortaleza otomana construída numa seção da muralha de Teodósio *(p. 75)*. ◊ *Yedikule Meydanı Sok* • *Ônibus 31, 80, 931* • *Aberto 9h-18h30 verão; 9h-16h30 inverno* • *Entrada paga*

10. Ex-Igreja de São João de Studius (İmrahor Camii)
Só restaram as paredes externas do grande mosteiro, construído em 463. Era um dos principais centros de saber do Império Bizantino. ◊ *İmam Aşir Sok* • *Grátis*

Área por Área – Sultanahmet e Cidade Velha

Çorlulu Ali Paşa Medresesi; Café Meşale; Sultan Pub

Bares, Cafés e Lanchonetes

1. Çorlulu Ali Paşa Medresesi
Deleite-se nas almofadas de uma casa de chá interessante, em que os moradores fumam no narguilé. Não serve bebidas alcoólicas. ⓢ *Divanyolu Cad 36 • Mapa Q4*

2. Doy-doy
Animado, oferece boa seleção de kebabs, pizzas, saladas e pratos vegetarianos. Não serve bebidas alcoólicas.
ⓢ *Sifa Hamamı Sok 13 • Mapa Q6*

3. Sultanahmet Köftecisi
Instituição local venerável, fonte suprema da deliciosa cozinha turca a preço acessível, em plena praça Sultanahmet, hoje rodeada de cafés com nomes semelhantes. Não se deixe enganar!
ⓢ *Divanyolu 12 • Mapa Q4*

4. Lale Restaurant (A Casa do Pudim)
Parada indispensável da "trilha hippie", com quadro de avisos e comida barata bem servida. A Lale perdeu um pouco do encanto, mas ainda agrada mochileiros. Cozinha competente, serviço simpático, chope e wi-fi grátis.
ⓢ *Divanyolu Cad 6 • Mapa Q4*

5. Sultan Pub
O máximo da Istambul moderna. Excelente restaurante de cobertura, com bar e TV sintonizada em esportes no andar de baixo e café no térreo (ótimos cappuccinos e bolos), loja de lembranças e cisterna bizantina no porão.
ⓢ *Divanyolu Cad 2 • Mapa Q4*

6. Çaferağa Medresesi
Desfrute uma xícara de café ou opte por uma refeição leve no charmoso pátio desse café projetado por Sinan, localizado próximo à Haghia Sophia.
ⓢ *Caferiye Sokak • Mapa G5*

7. Çiğdem Pastanesi
Saboreie um chá turco tradicional ou um cappuccino bem-feito, com bastante espuma cremosa, nessa clássica confeitaria. Se quiser um doce, o baklava ao mel é a pedida.
ⓢ *Divanyolu Cad 62 • Mapa Q4*

8. Café Meşale
Lugar sossegado para tomar chá e fumar no narguilé durante o dia. De noite tem restaurante com música ao vivo e apresentação dos dervixes e sua dança rodopiante. ⓢ *Bazar de Arasta • Mapa Q5*

9. Şerbethane
Instalado nas ruínas de um edifício bizantino na extremidade do Bazar de Arasta, o Şerbethane é um ótimo lugar para relaxar e fumar no narguilé.
ⓢ *Arasta Çarşısı • Mapa F6*

10. Yeşil Ev Beer Garden
Parte do hotel Yeşil Ev, o agradável bar ao ar livre tem jardim de inverno em que são servidos café, bolos e bebidas alcoólicas. Bom lugar para repousar. ⓢ *Kabasakal Cad 5 • Mapa R5*

Categorias de Preço	
Refeição típica para uma pessoa, com meze, prato principal, impostos e serviço, sem bebidas alcoólicas.	$ até US$7 $$ US$7-13 $$$ US$13-18 $$$$ US$18-28 $$$$$ mais de US$28

Balıkçı Sabahattin

Restaurantes

1 Sarnıç
Cozinha turca e francesa nessa cisterna bizantina convertida em restaurante romântico com ambiente fabuloso. Reserve.
◈ *Soğukçeğme Sok • Mapa R4 • (0212) 512 42 91 • $$$$*

2 Orient Express
Numa estação ferroviária do século XIX encontra-se ótima comida turca tradicional.
◈ *Plataforma 2, Estação de Sirkeci • Mapa Q2 • (0212) 522 22 80 • $$$*

3 Giritli
Deliciosos peixes e uma oferta generosa de inusitados meze se destacam no restaurante em estilo cretense. ◈ *Keresteci Hakkı Sok 8 • Mapa R6 • (0212) 458 22 70 • $$$$$*

4 Buhara 93
Kebabs e pizzas são as especialidades da casa, que tem um jardim amplo com apresentação de música ao vivo. ◈ *Nakilbent Sok 15 • Mapa Q6 • (0212) 518 15 11 • $$*

5 Amedros
De dia é um café agradável, à noite vira bistrô, com pratos da cozinha europeia e turca. Oferece também boas opções vegetarianas. ◈ *Hoca Rüstem Sok 7, travessa da Divan Yolu Cad • Mapa Q4 • (0212) 522 83 56 • $$*

6 Matbah
Delicie-se com os clássicos otomanos e turcos servidos nesse adorável restaurante com terraço.
◈ *Ottoman Hotel Imperial, Caferiye Sok 6 • Mapa F5 • (0212) 514 61 51 • $$$$$*

7 Balıkçı Sabahattin
Um dos melhores em peixes de Istambul, desde 1927. Reserve lugar para uma noite inesquecível.
◈ *Seyit Hasankuyu Sok 1, travessa da Cankurtaran Cad • Mapa R5 • (0212) 458 18 24 • $$$$*

8 Kumkapı
Não faltam tabernas *(meyhanes)* nessa antiga vila de pescadores, para servir peixe fresco e meze acompanhado o raki. Músicos tocam temas tradicionais nas mesas e contam com a gorjeta.
◈ *Mapa M6 • $$*

9 Seasons Restaurant
Cozinha europeia contemporânea de alta classe com um toque asiático. ◈ *Four Seasons Hotel, Tevfikhane Sok 1 • Mapa R5 • (0212) 402 30 00 • $$$$$*

10 Mozaik Restaurant
Esse restaurante popular oferece pratos turcos e internacionais em uma casa otomana restaurada. ◈ *İncirli Çavuş Sok 1, travessa da Divanyolu • Mapa F5 • (0212) 512 41 77 • $$$*

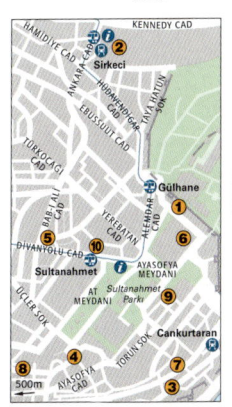

Área por Área – Sultanahmet e Cidade Velha

As indicações de preços deste guia estão em dólares norte-americanos, ao câmbio de 1 TL = US$0,56

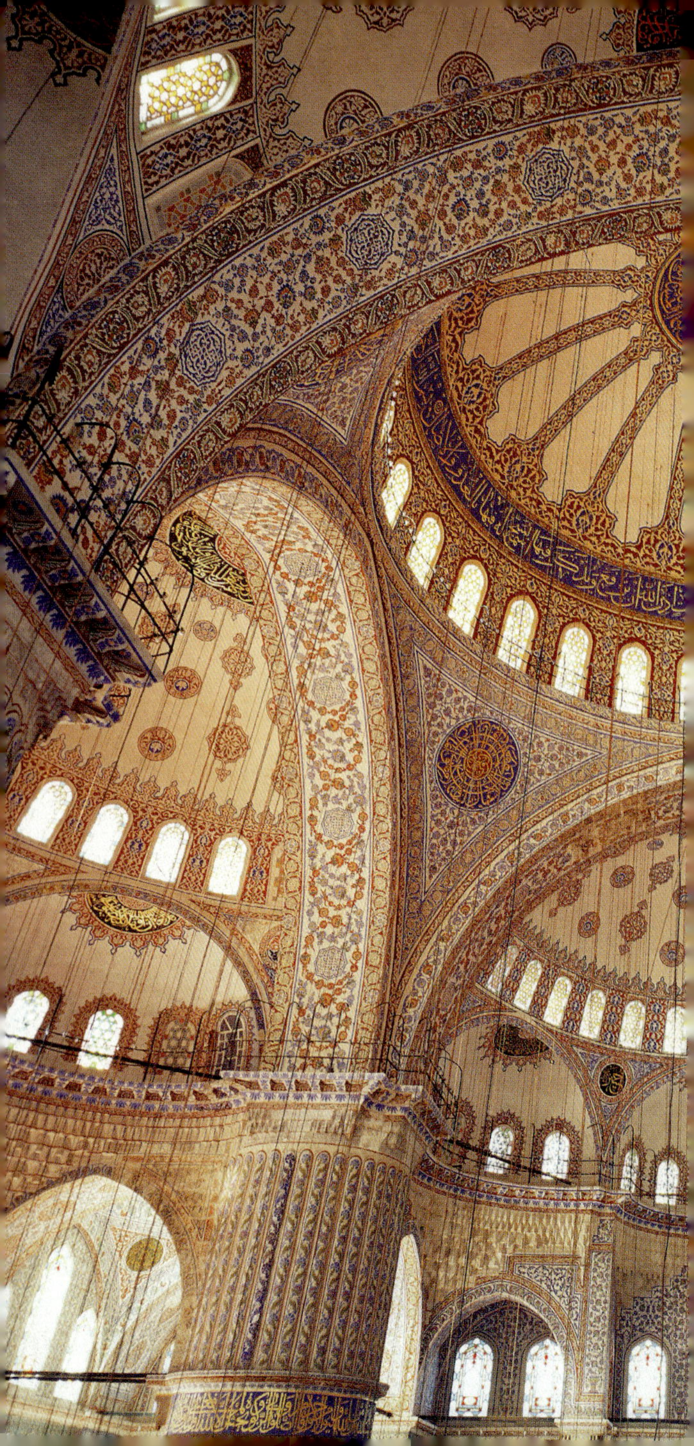

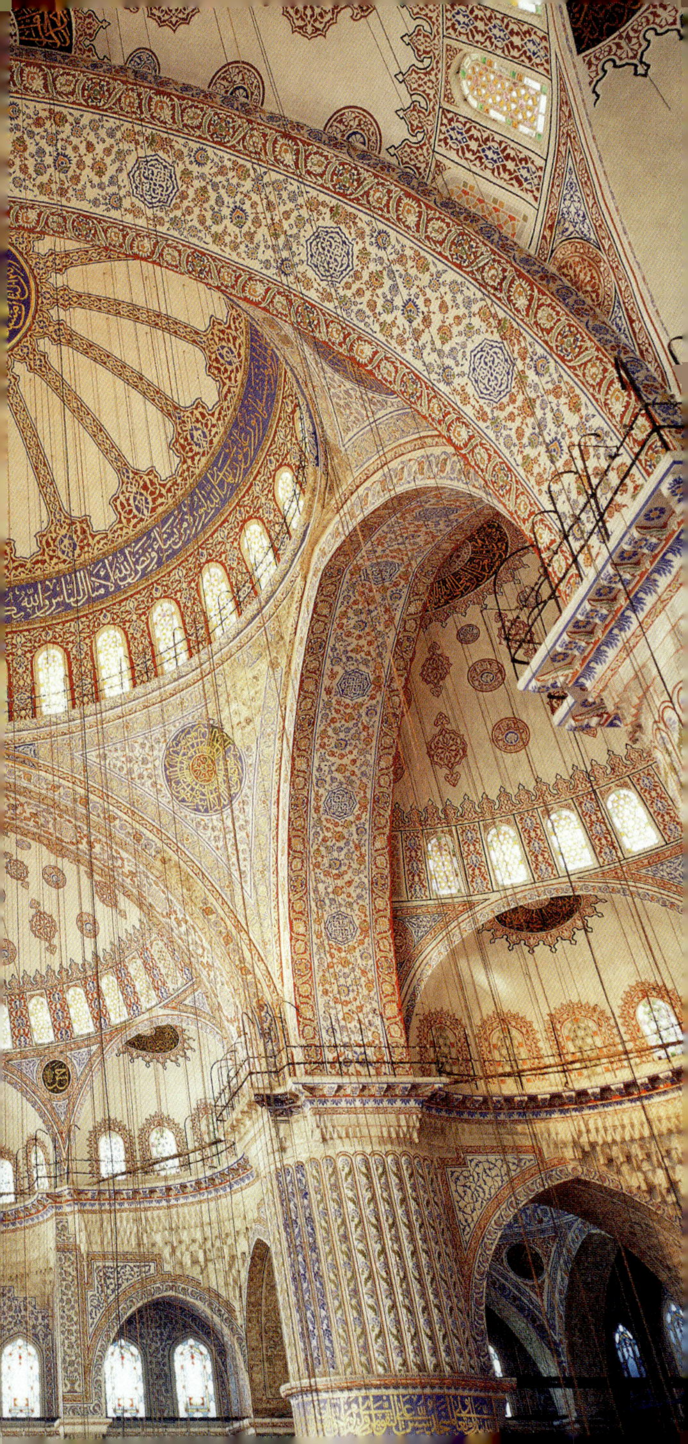

Artigos à venda no Bazar das Especiarias; Azulejos de İznik, Mesquita do Rüstem Paşa

Bairro dos Bazares e Eminönü

EM 1453, APÓS A CONQUISTA de Constantinopla, o sultão Mehmet II escolheu uma área perto do Fórum do Touro greco-romano para iniciar a construção de uma cidade-modelo baseada em princípios islâmicos. Os componentes principais eram as mesquitas e os madraçais (escolas religiosas), as instituições de caridade, os alojamentos para viajantes e um Grande Bazar – que financiaria os outros elementos e muito mais. Todos foram construídos – e muitos ainda permanecem de pé – em um dos bairros mais fascinantes e dinâmicos da cidade, onde se pode comprar, com a mesma facilidade, um balde de plástico e um tapete antigo de seda, um velho texto religioso e um quilo de pimenta.

Vista da costa em Eminönü

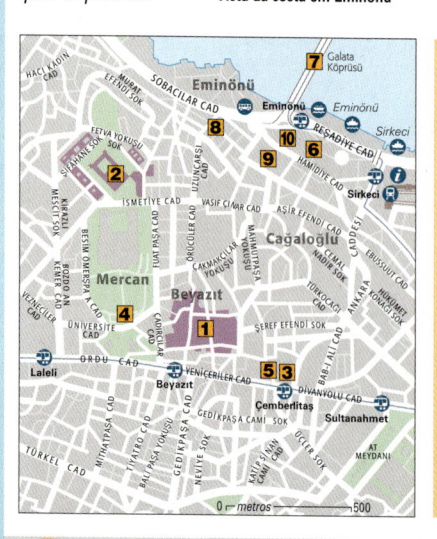

Destaques

1. Grande Bazar
2. Mesquita de Suleiman
3. Banhos de Çemberlitaş
4. Praça Beyazıt
5. Coluna de Constantino
6. Eminönü
7. Ponte de Gálata
8. Mesquita do Rüstem Paşa
9. Bazar das Especiarias
10. Mesquita Nova

Nas páginas anteriores, vista interna da Mesquita de Suleiman

1. Grande Bazar (Kapalı Çarşı)

O bazar foi uma das primeiras instituições criadas por Mehmet, o Conquistador, após 1453. A parte mais antiga, coberta, é o İç Bedesten, um depósito fechado que servia para comércio e guarda dos bens mais valiosos. Hoje, além das ruas cobertas, com milhares de lojas e bancas, há cafés, restaurantes, casas de chá, fontes de água e até caixas eletrônicos, tudo projetado para manter o visitante interessado e disposto a gastar o máximo possível. Existem ainda muitos *hans* – originalmente, hospedarias para viajantes, hoje transformadas em ateliês e pequenas fábricas *(pp. 18-9)*.

Interior do Grande Bazar

2. Mesquita de Suleiman (Süleymaniye Camii)

Construída para Suleiman I em 1550-57, essa é a maior e mais luxuosa mesquita da cidade. Suleiman e a esposa Roxelana estão enterrados no local, enquanto o grande Mimar Sinan, arquiteto da mesquita, jaz na parte externa do complexo principal, em tumba que ele mesmo desenhou e ergueu *(pp. 20-1)*.

3. Banhos de Çemberlitaş (Çemberlitaş Hamamı)

Nurbanu, esposa de Selim II, o Beberrão (filho de Suleiman e Roxelana), encomendou os banhos a Sinan em 1584. Na época eram uma instituição de caridade; hoje atendem a clientes abastados. Os graciosos salões com cúpulas ajudaram a tornar o local uma atração turística importante *(pp. 24-5)*.

Mesquita de Suleiman

4. Praça Beyazıt (Beyazıt Meydanı)

Amplo espaço aberto, foi por séculos o principal local de encontro da cidade. Embora seja conhecido como praça Beyazıt, seu nome oficial é praça da Liberdade (Hürriyet Meydanı). Ocupa o lugar do Forum Tauri (Fórum do Touro) greco-romano, ampliado pelo imperador Teodósio em 393. O fórum levava esse nome por causa do touro de bronze existente no centro, local de sacrifícios na era pré-cristã. Algumas colunas, esculpidas em forma de plumas de pavão, foram reutilizadas na construção da Cisterna da Basílica *(p. 58)*, enquanto outras estão abandonadas ao longo dos trilhos do bonde na Ordu Caddesi. Parte da Coluna de Teodósio foi feita sobre os alicerces do Beyazıt Hamamı. Na praça acontece diariamente um mercado de pulgas, e no entorno ficam a Mesquita de Beyazıt e a Universidade de Istambul.

Mapa M3

Pesca na Ponte de Gálata

6 Eminönü

Ruelas cheias de bancas levam do Grande Bazar até a orla, em Eminönü, passando por Tahtakale. Belo passeio entre mesquitas e mercados. Há armazéns bizantinos, ambulantes que vendem de tudo – de simits a relógios falsos – e uma série de atracadouros para os barcos que conduzem a diversas partes da cidade. O local é cortado pelo trânsito intenso da via de duas pistas que acompanha a costa.
✆ *Mapa N1*

5 Coluna de Constantino (Çemberlitaş)

Construída com pórfiro egípcio, a coluna de 35m ocupava o centro do Fórum de Constantino, e exibia no alto uma estátua do imperador vestido como o deus Apolo. Foi erguida como parte dos atos de inauguração da nova capital do Império Romano em 330. Constantino enterrou relíquias sagradas – dizem que lá está o machado que Noé usou para construir a arca – em volta da base. O nome em turco, Çemberlitaş (coluna dos ganchos), refere-se aos ganchos de metal instalados em 416 (trocados na década de 1970) para reforçar a coluna. ✆ *Divanyolu Cad* • *Mapa P4*

Coluna de Constantino

7 Ponte de Gálata (Galata Köprüsü)

A predecessora dessa moderna ponte sobre o Chifre de Ouro foi um pontilhão de ferro de 1909-12. Inadequado para o trafego moderno, com pilares que atrapalhavam o fluxo da água e, assim, represavam a poluição no Chifre de Ouro, foi trocado em 1994 pela atual ponte, de concreto, em dois níveis. A vista do nível mais baixo, especialmente no crepúsculo, é deslumbrante. Partes da ponte antiga em Hasköy, que já serviram de passarela para pedestres, foram reconstruídas.
✆ *Mapa F3*

Imperador Constantino

Filho de um importante oficial do exército, Constantino (c. 272-337) tornou-se um dos membros do triunvirato que governava o Império Romano. Em 312, após uma visão religiosa, lutou sob o estandarte da cruz, derrotando seu principal rival, Maxêncio. Ao ser coroado imperador, em 324, fez do cristianismo a religião oficial do império. Convocou o Concílio de Niceia, em 325, para afirmar os preceitos básicos da fé. Em 330, inaugurou Constantinopla, a nova capital. No leito de morte converteu-se formalmente ao cristianismo, e foi enterrado na Igreja dos Sagrados Apóstolos, na cidade (*p. 73*).

8 Mesquita do Rüstem Paşa (Rüstem Paşa Camii)

A encantadora mesquita foi construída por Sinan em 1561, a pedido de Mihrimah, filha de Suleiman, o Magnífico, para homenagear a memória do marido Rüstem Paşa, grão-vizir de Suleiman. Tem azulejos de İznik elaborados, na parte interna e externa. Galerias e janelas iluminam bem o grande salão. ✆ *Mahkeme Sok*
• *Mapa N1* • *(0212) 526 73 50*
• *Aberto 9h-pôr do sol* • *Grátis*

9 Bazar das Especiarias (Mısır Çarşısı)

O mercado foi construído em 1660, como parte do conjunto da Mesquita Nova. Conhecido há séculos pelos visitantes como Bazar das Especiarias, devido à variedade de temperos vendidos ali, ganhou também o nome de Bazar Egípcio, por ter sido originalmente financiado com taxas sobre produtos importados do Egito. Hoje o bazar se dedica a satisfazer as vontades dos turistas – é o melhor lugar para comprar lembranças, de rahat lokum a açafrão, de pistache a amêndoa, de incenso a café. Também tem locais onde há apresentações de dança do ventre. *Eminönü • Mapa P1 • Aberto 8h-19h30 diariam*

10 Mesquita Nova (Yeni Camii)

Imensa, mas um tanto escura, a mesquita foi encomendada pela válide do sultão Safiye, mãe de Mehmet III, em 1597. A obra, interrompida quando executaram o arquiteto por heresia e baniram Safiye, após a morte do filho, só ficou pronta em 1663, graças à válide do sultão Turhan Hatice, mãe de Mehmet IV. O interior é decorado com uma profusão de azulejos de İznik de qualidade relativamente baixa. Defronte à mesquita repousam a válide do sultão Turhan Hatice, Mehmet IV, cinco outros sultões e inúmeros príncipes e princesas. *Eminönü • Mapa P1 • (0212) 512 23 20 • Aberto 9h-pôr do sol diariam • Grátis*

Interior da Mesquita Nova

Um Dia de Compras

Manhã

Comece bem o dia, numa visita aos **Banhos de Çemberlitaş**, com rápida passagem pela **Mesquita Nuruosmaniye** (p. 70) antes de dedicar o resto do dia às compras no **Grande Bazar**. Dependendo de quanto tempo e dinheiro se gasta lá, pode-se almoçar num dos cafés do Bazar ou caminhar ladeira abaixo, pela **praça Beyazıt**, até a **Mesquita de Suleiman**, a fim de conhecer os túmulos do sultão e de Roxelana. Uma opção é almoçar no restaurante **Darüzziyafe** (p. 71) ou num dos diversos cafés localizados nos arredores da mesquita.

Tarde

Saia da mesquita pela İsmetiye Caddesi, entre à esquerda na Uzunçarşı Caddesi e desça até as ruas lotadas do mercado, onde os artesãos em metal e madeira ainda exercem sua arte. Vá para a direita na Tahtakale Caddesi, uma festa para os sentidos, graças aos vendedores de especiarias e café. Continue descendo até chegar a Eminönü, para visitar a **Mesquita do Rüstem Paşa** e a **Mesquita Nova** antes da última rodada de compras – se ainda restarem forças – no **Bazar das Especiarias**. Entre a Mesquita Nova e o Bazar das Especiarias fica o mercado de flores, plantas, sementes e aves canoras. Jante no **Hamdi Et Lokantası** (p. 71) ou no **Orient Express** da Estação de Sirkeci (p. 63). Se preferir, pegue o bonde de volta a Sultanahmet e aprecie o pôr do sol.

Área por Área – Bairro dos Bazares e Eminönü

Mesquita de Kalenderhane; Universidade de Istambul; Mesquita Nuruosmaniye

Outras Atrações

1. Bazar de Livros Usados (Sahaflar Çarşısı)
Desde o período medieval manuscritos são vendidos no local, embora os livros impressos tenham sido proibidos até 1729. Atualmente o mercado oferece sobretudo livros universitários e de fotografias sobre a Turquia. ◎ *Sahaflar Çarşısı Sok • Mapa M4*

2. Mesquita da Sultana-Mãe (Valide Sultan Cami)
Localizada perto da parada de bonde de Aksaray, essa é uma das últimas mesquitas imperiais a serem construídas em Istambul. Foi encomendada em 1871 para a mãe do sultão Abdül Aziz.
◎ *Ordu Cad • Mapa D5 • Aberta diariam exceto horário de orações*

3. Torre de Beyazıt (Beyazıt Kulesi)
Elegante torre de mármore erguida em 1828 como sentinela de incêndio, no campus da Universidade de Istambul. ◎ *Ordu Cad • Mapa M3 • Fechada ao público*

4. Mesquita de Beyazıt (Beyazıt Camii)
Construída em 1506 por Beyazıt II, é a mesquita imperial ativa mais antiga de Istambul. ◎ *Yeni Maharet Cad • Mapa M4 • (0212) 212 09 22*

5. Mesquita do Atik Ali Paşa (Atik Ali Paşa Camii)
Essa cópia do século XV da Mesquita de Fatih original homenageia no nome seu construtor, grão-vizir de Beyazıt II. ◎ *Yeniçeriler Cad • Mapa P4*

6. Mesquita de Laleli (Laleli Camii)
A Mesquita de Laleli foi erguida por Mustafá III em 1763, com amplo uso de mármore colorido, conforme o novo estilo barroco otomano. Abriga o túmulo de Mustafá. ◎ *Ordu Cad • Mapa D5 • Aberto só em horário de oração*

7. Mesquita Nuruosmaniye (Nuruosmaniye Camii)
Terminada pelo sultão Osman III em 1755, foi a primeira mesquita barroca da cidade. ◎ *Vezirhanı Cad • Mapa P4*

8. Mesquita de Kalenderhane (Kalenderhane Camii)
A casa de banhos do século V foi convertida no século XII na Igreja de Theotokas Kyriotissa e, depois, em mesquita. Não perca o espetacular mármore bizantino do salão de oração. ◎ *Mart Şehitleri Cad 16 • Mapa E5 • Aberta diariam exceto horário de orações*

9. Mesquita de Bodrum (Bodrum Camii)
Mesquita desde o século XV, mas originalmente um mosteiro bizantino fundado pelo imperador Romano I Lecapeno. ◎ *Mesih Paşa Cad • Mapa D5 • Aberto só em horário de oração*

10. Universidade de Istambul
Instituição de educação superior mais antiga da Turquia, a universidade mudou para o campus atual em 1866. A segurança é rígida, mas pode-se caminhar pelo local durante a semana. ◎ *Beyazıt Meydanı • Mapa M2-3 • (0212) 512 52 57*

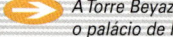

A Torre Beyazıt foi erigida no local do Eski Sarayı, originalmente o palácio de Mehmet II, destruído por um incêndio em 1541

Categorias de Preço

Refeição típica para uma pessoa, com meze, prato principal, impostos e serviço, sem bebidas alcoólicas.	$ até US$7
	$$ US$7-13
	$$$ US$13-18
	$$$$ US$18-28
	$$$$$ mais de US$28

Havuzlu Lokantası

TOP 10 Cafés e Restaurantes

Área por Área – Bairro dos Bazares e Eminönü

1. Pandeli
Em um salão magnífico com cúpula e azulejos de İznik, em cima do Bazar das Especiarias, o Pandeli é um marco de Istambul desde sua abertura, em 1901. Indispensável reservar. ᴓ *Mısır Çarşısı 1* • *Mapa P1* • *(0212) 527 39 09* • *$$$*

2. Café Ay
Descanse os pés e saboreie um sanduíche com o café da casa, no Grande Bazar. ᴓ *Takkeciler Sok 41-5, Kapalı Çarşı* • *Mapa N3* • *(0212) 527 98 53* • *$*

3. Darüzziyafe
Na antiga cozinha da sopa da Mesquita de Suleiman, esse pitoresco restaurante serve comida otomana de primeira. Não vende bebidas alcoólicas. ᴓ *Şifahane Cad 6* • *Mapa M2* • *(0212) 511 84 14* • *$$$*

4. Havuzlu Lokantası
Belo exemplo de restaurante simples na parte coberta do bazar, com kebabs excelentes e meze. Atrai moradores e visitantes, por isso fica lotado. Chegue cedo.
ᴓ *Gani Çelebi Sok 3, Kapalı Çarşı* • *Mapa N3* • *(0212) 527 33 46* • *Aberto só para almoço, fechado dom* • *$*

5. Tarihi Süleymaniyeli Kurufasulyeci
Restaurante que serve pratos otomanos suculentos há 80 anos. Especialidade: arroz e feijão cozidos. Boa sugestão de almoço.
ᴓ *Süleymaniye Cad, Prof Siddik Sami Onar Cad 11* • *Mapa M2* • *(0212) 513 62 19* • *Não aceita cartão de crédito* • *$*

6. Kahve Dünyası
Filial de uma rede de cafés popular, fica perto do Grande Bazar. ᴓ *Nuruosmaniye Cad 79* • *Mapa F5* • *(0212) 527 32 82* • *$$*

7. Hamdi Et Lokantası
Entre os destaques, erikli kebap (picadinho de cordeiro de leite). ᴓ *Kalçın Sok 17, Eminönü* • *Mapa P1* • *(0212) 528 03 90* • *$$*

8. Şark Kahvesi
Local charmoso bastante disputado para um chá ou um café.
ᴓ *Yağlıkçılar Cad 134* • *Mapa E5* • *(0212) 512 11 44* • *$*

9. Orient House
Há uma noite cultural que oferece jantar, música turca e dança do ventre. ᴓ *Tiyatro Cad 25/A, Beyazıt* • *Mapa M5* • *(0212) 517 61 63* • *$$$$$*

10. Kofteci Ramiz
Parte de uma rede, tem bufê de salada com carnes grelhadas, köfte, sopas e sobremesas. Não vende bebidas alcoólicas.
ᴓ *Bab-i Ali Cad* • *Mapa Q4* • *(0212) 527 13 40* • *$$*

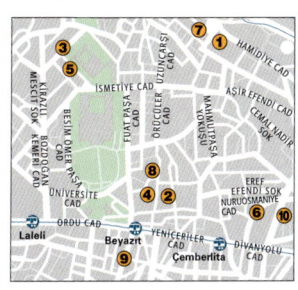

Ex-Igreja de Pammakaristos; *Parecclesion*, Ex-Igreja de São Salvador em Chora; Miniatürk

Chifre de Ouro, Fatih e Fener

O CHIFRE DE OURO, UM CANAL que separa a cidade velha da nova, na Istambul europeia, ganhou vida após passar por um eficiente programa de despoluição que eliminou o mau cheiro. Dessa forma, os bairros de Fener e Balat, ainda pouco explorados por turistas, mas que guardam tantas atrações quanto a própria península histórica, se tornaram alvo de especulação imobiliária e cenário comum de programas televisivos. O litoral da cidade velha oferece quilômetros de parques estreitos e passeios, enquanto a cidade nova abriga atrações como o Miniatürk e o Museu Rahmi Koç. Há planos de construir um shopping center no local dos antigos estaleiros de Kasımpaşa.

Pierre Loti Café

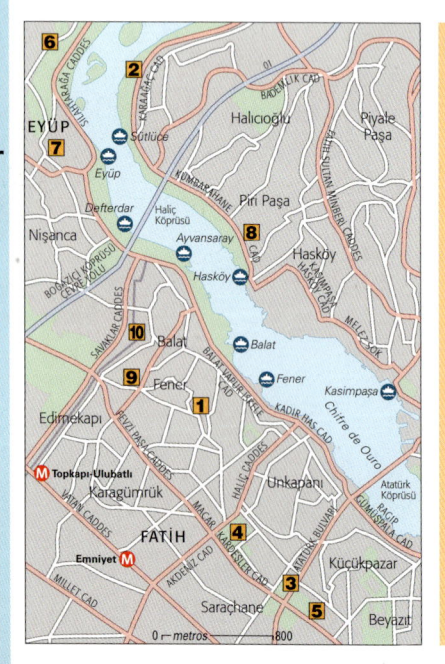

Destaques

1. Ex-Igreja de Pammakaristos
2. Miniatürk
3. Aqueduto de Valens
4. Mesquita do Fatih
5. Mesquita do Príncipe
6. Pierre Loti
7. Mesquita do Sultão Eyüp
8. Museu Rahmi Koç
9. Ex-Igreja de São Salvador em Chora
10. Muralhas de Teodósio

Área por Área – Chifre de Ouro, Fatih e Fener

1. Ex-Igreja de Pammakaristos (Fethiye Camii)

Construída pelo imperador João II Comneno no século XII, serviu de sede para o Patriarcado Ortodoxo Grego entre 1456 e 1568. Depois, a igreja foi convertida em mesquita e rebatizada de Fethiye (Vitória) em 1573, para celebrar a conquista dos atuais Geórgia e Azerbaijão por Murat III. A capela lateral abriga um museu cujo acervo tem maravilhosos mosaicos bizantinos, talvez os melhores de Istambul.

Fethiye Kapısı Sok • Mapa K3
• Aberto 9h-17h diariam • Entrada paga

2. Miniatürk

Eis a chance de conhecer as principais atrações da Turquia numa única tarde. Esse curioso parque na margem do Chifre de Ouro tem modelos em escala 1:25 das estruturas mais impressionantes do país, como a Ponte do Bósforo e a Basílica de Santa Sofia. Outras atrações: miniferrovia, carros e barcos em escala, cinema, labirinto e parquinho.

İmrahor Cad, Sütlüce • Mapa T4
• (0212) 222 28 82 • Aberto 9h19h diariam (21h na alta temporada) • Entrada paga • www.miniaturk.com.tr

Aqueduto de Valens

3. Aqueduto de Valens (Bozdoğan Kemeri)

A oeste da Mesquita de Suleiman encontra-se parte do aqueduto de dois andares construído pelo imperador Valens em 368. Reformado nos anos seguintes, permaneceu em uso até o século XIX, levando água da floresta Belgrado ao centro do Grande Palácio, perto do Hipódromo.

Atatürk Bulvarı (área norte do Saraçhane Parkı) • Mapa D4

4. Mesquita do Fatih (Fatih Camii)

A imensa mesquita barroca é o terceiro prédio de grande porte no local. O primeiro foi a Igreja dos Santos Apóstolos (local onde foram enterrados imperadores bizantinos, Constantino entre eles). Mehmet, o Conquistador, construiu a primeira grande mesquita imperial sobre as ruínas da igreja, mas sua obra se perdeu no terremoto de 1766. A mesquita atual, erguida no século XVIII pelo sultão Mustafá III, contém os túmulos de Mehmet, o Conquistador, e de sua esposa Gülbahar Hatun. Há uma movimentada feira livre na parte externa, todas as quartas-feiras.

Fevzi Paşa Cad • Mapa C3-4
• Aberto 9h-pôr do sol diariam
• Grátis

Mesquita do Fatih

Essa área é mais conservadora que a península histórica, portanto adote trajes e maneiras adequadas

Área por Área – Chifre de Ouro, Fatih e Fener

Feitas para Durar

Havia dez portões fortificados e 192 torres nas Muralhas de Teodósio. A parede externa, com 2m de largura e 8,5m de altura, está separada da interna por um fosso de 20m. O muro interno tem 5m de largura por 12m de altura. Construídas para suportar qualquer ataque, as muralhas resistiram por mil anos. Foram vencidas em 1453, quando Constantino IX, último imperador bizantino, morreu em sua defesa.

5 Mesquita do Príncipe (Şehzade Camii)

A elegante mesquita faz parte do conjunto de madraçal (escola islâmica), pátio, mausoléus e *imaret* (cozinha da sopa) erguido por Suleiman, o Magnífico, em honra de seu filho, o príncipe Mehmet. Esse foi um dos primeiros projetos imperiais do grande arquiteto Sinan *(p. 21)*. O túmulo de Helvacı Baba é muito procurado por peregrinos.
◈ Şehzade Başı Cad 70, Saraçhane • Mapa D4 • Tumbas fechadas para reforma • Grátis

6 Pierre Loti

Durante sua passagem por Istambul, Pierre Loti – pseudônimo do escritor francês turcófilo Julien Viaud – frequentava um café em Eyüp. Por isso a área leva seu nome. Ao chegar, em 1876, Viaud apaixonou-se por uma moça cujo nome usou como título do romance *Aziyade*, um relato de seu difícil relacionamento. A elevação conhecida como Pierre Loti pode ser alcançada sem esforço graças ao teleférico do lado da mesquita de Eyüp. Do alto do morro, no Pierre Loti Café, desfruta-se a vista magnífica do Chifre de Ouro *(p. 77)*.

7 Mesquita do Sultão Eyüp (Eyüp Sultan Camii)

A mesquita mais sagrada de Istambul foi construída por Mehmet, o Conquistador, em 1458, no local da *türbe* (tumba) do amigo e condutor do estandarte do profeta Maomé, Eyüp el-Ensari, cujo mausoléu adjacente é um dos principais destinos de peregrinação do islã (após Meca e Jerusalém). O pátio da mesquita, onde ocorria a coroação dos soberanos otomanos, exibe intrincados azulejos de İznik e vive cheio de fiéis que aguardam na fila o momento de prestar suas homenagens. ◈ Eyüp Meydanı (com Camii

Mesquita do Sultão Eyüp

Kebir Cad) • Mapa A4 • (0212) 564 73 68 • Túmulo aberto 9h30-16h30 • Doações

8 Museu Rahmi Koç (Rahmi Koç Müzesi)

Museu eclético, leva o nome de seu fundador, um industrial. Trata-se de uma impressionante coleção de carros antigos, locomotivas a vapor, motocicletas, barcos, um vagão imperial do sultão Abdül Aziz e muito mais, a maior parte abrigada num estaleiro do século XIX. Na área exter-

---

A Mesquita do Sultão Eyüp, destruída pelo terremoto de 1766, foi reconstruída em 1800

na há aeronaves, barcos, oficinas restauradas e até submarino. Do outro lado da rua, numa fundição otomana restaurada, sobre fundações bizantinas, estão miniaturas de motores, trens, carros e barcos. Tem ainda um café excelente *(p. 77)* e o restaurante gourmet Halat. ⓢ *Hasköy Cad 5 • Mapa B5 • (0212) 369 66 00 • Aberto 10h-17h ter-sex, 10h-19h sáb-dom • Entrada paga • www.rmk-museum.org.tr*

9 Ex-Igreja de São Salvador em Chora (Kariye Camii)

Primeiro igreja, depois mesquita, hoje é um museu. Construída no final do século XI, foi restaurada no início do século XIV por Teodoro Metoquita, que encomendou os lindos mosaicos e afrescos que lhe garantiriam, acreditava, "gloriosas lembranças da posteridade até o final dos tempos" *(pp. 22-3)*.

10 Muralhas de Teodósio (Teodos II Surları)

Erguidas pelo imperador Teodósio II em 412-22 e parcialmente restauradas, as muralhas que cercam a cidade velha do mar de Mármara (Yedikule) até o Chifre de Ouro (Ayvansaray) estão em ótima condição. Pode-se caminhar por alguns trechos, especialmente em Yedikule *(p. 61)*, embora não seja aconselhável visitar locais isolados sem acompanhantes. O fosso foi transformado em horta. ⓢ *Mapa A5*

Muralhas de Teodósio

Um Dia no Chifre de Ouro

Manhã

Comece o dia na **Mesquita do Fatih**, a fim de ver os túmulos do sultão Mehmet e de sua mulher, atrás do salão de orações. Desça até Fener para conhecer a **Igreja de São Jorge**, no **Patriarcado Ortodoxo Grego** *(p. 76)*, e prossiga pelas ruelas até alcançar a **Igreja de Santa Maria dos Mongóis** *(p. 76)*. Admire os mosaicos bizantinos no museu da **Ex-Igreja de Pammakaristos**, depois siga para Edirnekapı, onde estão os mosaicos e afrescos da **Ex-Igreja de São Salvador em Chora**. Faça a merecida pausa para degustar delícias otomanas no **Restaurante Asitane** *(p. 77)*, encerrando a primeira parte do passeio com um café turco bem forte, para restaurar as energias.

Tarde

Passe pelas monumentais **Muralhas de Teodósio** antes de descer para explorar as ruas de **Balat** *(p. 76)*, conhecendo a mais antiga sinagoga de Istambul, a **Ahrida**. Caminhe pela margem até Eyüp e entre na fila dos visitantes do mausoléu de Eyüp Ensari na **Mesquita do Sultão Eyüp**. Se as pernas não aguentarem, pegue o **teleférico** para **Pierre Loti**. Mas o melhor é subir a ladeira, passando pelo **Cemitério de Eyüp** *(p. 76)*. Tome café ou chá enquanto admira a paisagem no terraço do **Pierre Loti Café** *(p. 77)*. Se quiser pular o almoço – e mesmo se não o fizer –, jante no **Aziyade** *(p. 77)*, instalado no Turkuaz Boutique Hotel, para terminar bem o dia.

Área por Área – Chifre de Ouro, Fatih e Fener

Igreja de São Sebastião dos Búlgaros; Cemitério de Eyüp; Ex-Igreja do Cristo Pantocrátor

TOP 10 Outras Atrações

1. Ex-Igreja do Cristo Pantocrátor (Molla Zeyrek Camii)
Bela e decadente igreja bizantina, hoje mesquita, único resquício de um mosteiro poderoso. ◎ *İbadethane Sok, Küçükpazar • Mapa D3 • (0212) 532 50 23 • Ônibus 28, 61B, 87 • Abre 20min antes do horário de oração, fecha 20min depois • Pequena contribuição*

2. Palácio de Aynalıkavak (Aynalıkavak Kasrı)
Palácio otomano do século XVII, contém uma coleção de instrumentos musicais turcos. ◎ *Aynalikavak Cad, Hasköy • Mapa D1 • (0212) 256 95 70 • Ônibus 47, 54 • Aberto 9h-17h diariam, exceto seg e qui • Entrada paga*

3. Igreja de São Sebastião dos Búlgaros (Bulgar Kilisesi)
A estrutura dessa igreja de ferro fundido do final do século XIX foi fabricada em Viena. ◎ *Mürsel Paşa Cad 85, Balat • Mapa L2 • Ônibus 55T, 99A • Aberto 9h-17h diariam • Grátis*

4. Mesquita Rosa (Gül Camii)
A Mesquita Rosa era originalmente a Igreja de Santa Teodósia, do século IX. ◎ *Şair Nebi Sok, Cibali • Mapa D2 • (0212) 534 34 58 • Aberto somente em horário de oração • Pequena contribuição*

5. Igreja de São Jorge ((Ortodoks Parikhanesi)
A igreja é o centro mundial da Igreja Ortodoxa Grega. ◎ *Sadrazam Ali Paşa Cad 35, Fener • Mapa L2 • (0212) 525 54 16 • Ônibus 55T, 99A • Aberto 9h-17h diariam • Grátis*

6. Balat
Antigo bairro da comunidade dos judeus sefarditas. Visite a Sinagoga Ahrida, do século XV. ◎ *Mapa K1-2 • Ônibus 55T, 99A • Sinagoga: Gevgili Sok • (0212) 244 19 80 • Visitas com hora marcada*

7. Igreja de Santa Maria dos Mongóis (Kanlı Kilise)
Linda igreja construída por Maria Palaeóloga, princesa bizantina que se casou com um cã mongol e depois se tornou freira. ◎ *Tekvir Cafer Mektebi Sok, Fener • Mapa L3 • (0212) 521 71 39 • Ônibus 55T, 99A • Aberto dom*

8. Palácio do Porfirogeneto (Tekfur Sarayı)
Resta apenas uma estrutura do Palácio Tekfur, que serviu de residência a imperadores bizantinos. ◎ *Şişhane Cad, Edirnekapı • Mapa J1 • Ônibus 87, 90, 126 • Só para grupos, com agendamento em Santa Sofia*

9. Cemitério de Eyüp
A caminhada pela ladeira íngreme conduz a centenas de lápides da era otomana. Vista sensacional do Chifre de Ouro. ◎ *Camii Kebir Sok • Mapa A4 • Ônibus 39, 55T, 99A*

10. Mesquita Azap Kapı (Azap Kapı Camii)
Projetada pelo arquiteto Sinan no século XVI, tem um elegante *mihrab* de mármore. ◎ *Tersane Cad, Azapkapı • Mapa E3 • Ônibus 46H, 61B • Aberto somente em horário de oração*

> Em 2014, foi inaugurada uma ponte pela qual o metrô cruza o Chifre de Ouro para atender também o outro lado da cidade

Pierre Loti Café

Categorias de Preço

Refeição típica para uma pessoa, com meze, prato principal, impostos e serviço, sem bebidas alcoólicas.	
$	até US$7
$$	US$7-13
$$$	US$13-18
$$$$	US$18-28
$$$$$	mais de US$28

Bares, Cafés e Restaurantes

1 Café du Levant, Sütlüce
Instalado no Museu Rahmi Koç *(p. 74)*, serve comida francesa chique. • Hasköy Cad 5 • Mapa A4 • (0212) 369 66 07 • $$$

2 Pierre Loti Café, Eyüp
O interior do café tem azulejos tradicionais, equipamento de chá e itens relacionados ao romancista Pierre Loti *(p. 74)*. O terraço oferece uma vista espetacular.
• Gümüşsuyu Karyağdı Sok 5 • Mapa A4 • (0212) 497 13 13

3 Cibalikapı Balıkçısı, Fener
Taberna tradicional, serve peixe fresco e meze de dar água na boca. • Kadir Has Cad 5 • Mapa E3 • (0212) 533 28 46 • $$$

4 Barba Giritli Balık Lokantası, Fener
Restaurante em dois pavimentos, com peixes excelentes e meze como hamsi (anchova) e ezme (pasta de pimenta). • Kadir Has Cad 3 • Mapa E3 • (0212) 533 18 66 • $$$$

5 Köfteci Arnavut, Balat
Serve köfte (de carne moída) desde 1947. Pequeno, é o lugar perfeito para uma refeição turca tradicional. As portas fecham quando acaba o köfte, em geral no meio da tarde.
• Mürsel Paşa Cad 139 • Mapa L2 • (0212) 531 66 52 • $

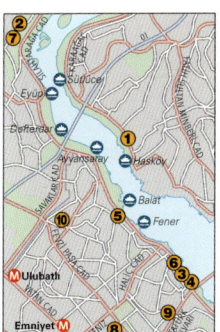

6 Ottoman, Fener
A beğendi otomana – de cordeiro grelhado com berinjela ao creme com especiarias – acompanha a linda vista. • Kadir Has Cad 11, Cibali • Mapa E3 • (0212) 631 75 67 • $$$$

7 Aziyade, Pierre Loti
Amplo restaurante de hotel, serve pratos otomanos tradicionais. • Turkuaz Boutique Hotel, İdris Köşkü Cad, Eyüp • Mapa A4 • (0212) 497 13 13 • $$$

8 Kömür, Fatih
Os moradores lotam esse café simples para saborear pratos baratos e deliciosos em sistema self-service. Os grandes destaques são os frutos do mar Negro. • Fevzipaşa Cad 18 • Mapa C4 • (0212) 631 40 04 • $$

9 Zeyrekhane, Fatih
Cozinha otomana em terraço com linda vista. Melhor reservar. • İbadethane Arkası Sok 10, Zeyrek • Mapa D3 • (0212) 532 27 78 • Aberto diariam • $$$

10 Asitane, Edirnekapı
Delicados sabores otomanos em ambiente requintado, com pátio aberto no verão. Recomenda-se reservar. • Kariye Oteli, Kariye Camii Sok 6 • Mapa C1 • (0212) 635 79 97 • $$$

Entre os pratos otomanos tradicionais destacam-se frango picado com nozes e especiarias e cordeiro assado com cebola, frutas secas e nozes

Igreja de São Pedro e São Paulo; *Festa animada* (artista desconhecido), Museu de Pera

Beyoğlu

EM UM MORRO ALTO, NO CHIFRE DE OURO, *encontra-se a "cidade nova", Beyoğlu, de frente para a cidade velha de Istambul. Antigamente conhecida como Pera, "o outro lado", a área nada tem de nova, pois é ocupada há 2 mil anos. No início da era bizantina, muitos mercadores judeus moravam em Pera. No final do século XIII, os negociantes genoveses receberam Gálata como recompensa pela ajuda aos bizantinos na recaptura da cidade, então nas mãos dos cruzados. As potências ocidentais, na época otomana, abriram embaixadas e centros comerciais, deslocando o centro comercial para área do Grande Bazar. Hoje, Beyoğlu é a referência para a moderna Istambul europeia, com calçadões como a Istiklal Caddesi e ruas ocupadas por consulados, igrejas, bares elegantes e lojas de grife.*

Torre de Gálata e a costa em Beyoğlu

Destaques

1. Torre de Gálata
2. Pera Palace Hotel
3. İstiklal Caddesi
4. Banhos de Galatasaray
5. Museu Militar
6. Praça Taksim
7. Çukurcuma
8. Museu de Pera
9. Igreja de São Pedro e São Paulo
10. Rua dos Franceses

Torre de Gálata (Galata Kulesi)

Uma das atrações mais visíveis da cidade, com 67m, a torre erguida em 1348 pelos genoveses, maiores parceiros comer-ciais do Império Bizantino, fazia parte do Forte de Gálata. Desde então ela sobreviveu a terremotos e passou por várias restaurações. A subida dos onze andares leva ao mirante, restaurante e casa noturna. A vista do Chifre de Ouro e do centro é fabulosa. De noite o restaurante oferece jantar com música turca folclórica e dança do ventre *(p. 84)*. ✆ *Büyük Hendek Sok • Mapa F2 • (0212) 293 81 80 • Mirante 9h-19h diariam (jantar dançante 20h-1h) • Entrada paga*

Pera Palace Hotel (Pera Palas Oteli)

Aberto em 1895 para atender os passageiros do Expresso do Oriente, o Pera Palace tornou-se o mais famoso hotel da cidade. A escritora Agatha Christie hospedou-se ali nos anos 1924-33, e teria escrito *Assassinato no Expresso do Oriente* no quarto 411. Com os anos, o hotel recebeu figuras como Mata Hari, Leon Trótski, Greta Garbo e Atatürk. Em 1981 o museu de Atatürk foi aberto em seus aposentos favoritos, no número 101. Em exposição, artigos pessoais do presidente. ✆ *Meşrutiyet Cad 52 • Mapa J5 • (0212) 337 40 00 • www.perapalace.com*

Pera Palace Hotel, por volta de 1929

İstiklal Caddesi

Na principal rua de Beyoğlu *(p. 84)*, as lojas lotadas durante o dia dão lugar ao movimento noturno. Como é um calçadão, pode-se pegar o bonde, que percorre a rua inteira. Vale lembrar que a İstiklal Caddesi também serve de palco para muitos protestos e manifestações – é aconselhável que os visitantes não se envolvam nessas aglomerações. ✆ *Mapa J6-L4*

Banhos de Galatasaray (Tarihi Galatasaray Hamamı)

Moradores abastados acorrem ao local para suar e fazer diversos tipos de tratamento em um dos banhos mais refinados de Istambul, instalado em prédio construído por Beyazit II em 1481 e modernizado sem perder seu encanto. A decoração elegante e as fontes reforçam o charme. Homens e mulheres banham-se em alas separadas. ✆ *Turnacıbaşı Sok 24 (travessa da İstiklal Cad) • Mapa K5 • (0212) 252 42 42 (homens) e (0212) 249 43 42 (mulheres) • Aberto 7h-22h (homens), 8h-21h (mulheres) diariam • Entrada paga*

Entrada dos Banhos de Galatasaray

Área por Área – Beyoğlu

Área por Área – Beyoğlu

Praça Taksim

5 Museu Militar (Askeri Müze)

Instalado na ex-academia militar onde Atatürk se formou, o museu reúne milhares de peças para contar a história das guerras, dos tempos otomanos à Segunda Guerra Mundial. Cotas de malha, armaduras de bronze, espadas e barracas bordadas estão expostas em salões distintos. Um deles é dedicado à carreira de Atatürk. Destaca-se, diariamente, a apresentação da Banda Mehter, que revisita a música marcial dos janízaros, tropa de elite otomana. ✆ *Vali Konağı Cad, Harbiye • Mapa B4 • (0212) 233 27 20 • 9h-17h qua-dom (Banda Mehter 15h diariam) • Entrada paga*

6 Praça Taksim (Taksim Meydanı)

Centro nervoso da moderna Beyoğlu, a praça Taksim fica no final da adutora construída por Mahmut I em 1732. O reservatório original ainda se encontra no canto oeste da praça. Ali também fica o Monumento da Independência, uma escultura patriótica com Atatürk e outros heróis revolucionários, erigida em 1928. ✆ *Mapa L4*

7 Çukurcuma

A parte antiga de Beyoğlu tornou-se um centro para compra de objetos usados e antiguidades. Mansões e armazéns foram restaurados com grande esmero, criando uma área privilegiada para encontrar armários antigos, tecidos modernos para tapeçaria ou quadrinhos dos anos 1960. ✆ *Mapa K5*

Elmo militar

8 Museu de Pera (Pera Müzesi)

O antigo hotel Bristol renasceu como sede desse museu e galeria de arte, responsabilidade da fundação Suna e İnan Kıraç, capitaneada por ricos industriais turcos. Os dois primeiros pisos mostram a coleção da família Kıraç, composta por azulejos de Kutahya e cerâmicas, pesos e medidas da Anatólia. No piso seguinte destaca-se a vida na corte imperial otomana, a partir do século XVII, retratada por pintores em sua maioria europeus. Nos pisos superiores são abrigadas as exposições temporárias. ✆ *Meşrutiyet Cad 65 • Mapa J5 • (0212) 334 99 00 • Aberto 10h-19h ter-sáb, 12h-18h dom • Entrada paga*

Marchas Militares

A música da Banda Mehter, tocada todos os dias no Museu Militar, exerceu uma grande influência cultural. Fundadas no século XIV, no reinado de Osman I, o Otomano, as bandas marciais janízaras acompanhavam o exército na guerra, intimidando o inimigo com o volume dos imensos tambores, címbalos e zurnas (instrumentos de sopro tradicionais). Seu estilo pujante influenciou Beethoven e Mozart, bem como as marchas militares do norte-americano John Philip Souza, do repertório atual das bandas marciais.

Área por Área – Beyoğlu

9 Igreja de São Pedro e São Paulo (Sen Piyer Kilisesi)

Quando a igreja original foi transformada em mesquita, no século XVI, os freis dominicanos de Gálata se mudaram para esse local, perto da Torre de Gálata. A nova igreja segue o estilo de basílica, com quatro altares laterais. Sobre o coro há uma cúpula azul com estrelas douradas. Todas as manhãs há missa rezada em italiano. Para entrar, toque a sineta na porta pequena (acesso pelo pátio) e espere o atendimento. ◉ *Galata Kulesi Sok 44, Karaköy • Mapa F3 • (0212) 249 23 85 • Aberto 10h30-12h dom*

10 Rua dos Franceses (Fransız Sokağı)

A rua estreita (oficialmente chamada de Cezayir Sokağı), revitalizada, hoje esbanja charme gaulês, daí a mudança de nome. Cafés charmosos, uma galeria de arte e até lampiões a gás antigos ajudam a recriar a Beyoğlu afrancesada do final do século XIX. Restaurantes especializados na sofisticada cozinha francesa e bares de cobertura completam o cenário. ◉ *Mapa K5*

Rua dos Franceses

Um Dia em Beyoğlu

Manhã

Cruze a Ponte de Gálata e siga para a **Torre de Gálata**. Pegue o elevador até o alto e desfrute a vista matinal deslumbrante. De volta ao chão, refresque-se em uma casa de chá tradicional antes de seguir a pé pela **Galip Dede Caddesi**, explorando as lojinhas de instrumentos musicais para apreciar os instrumentos tradicionais turcos e levar um de lembrança. Continue no rumo de **Tünel** e conheça os dervixes rodopiantes no **Mosteiro de Mevlevi** *(p. 82)*. Almoce num café na transversal, na boêmia **Asmalı Mescit Sokağı**, ou aproveite as opções da **Rua dos Franceses**.

Tarde

Suba a **İstiklal Caddesi** para ver as lojas de música e moda, além do **Beyoğlu İş Merkezi** *(p. 83)*. Siga para a **Igreja de Santa Maria Draperis** e a **Igreja de Santo Antônio de Pádua** *(p. 82)*. Chegue ao **Museu Militar** a tempo de acompanhar a apresentação da Banda Mehter às 15h. Vá para **Çukurcuma** via praça Taksim, parando no caminho para um refresco, se precisar. Depois de percorrer os antiquários de Çukurcuma, descanse nos **Banhos de Galatasaray**. Recuperado, passe pelo **Colégio Galatasaray** e vá à animada **Nevizade Sokağı** para escolher onde jantar. Especialidade local, o peixe se destaca após os meze – peça o pescado fresco do dia acompanhado por uma dose de rakı.

O Museu da Inocência (aberto 10h-18h ter-dom), na Dalgıç Çıkmazı, celebra o romance de mesmo nome escrito por Orhan Pamuk

Bonde Nostálgico, İstiklal Caddesi; Çiçek Pasajı

İstiklal Caddesi

1. Tünel
O Tünel, com 573m, é um funicular que sobe a ladeira da Ponte de Gálata até Beyoğlu. Construído por franceses em 1874, é um dos mais antigos do mundo. *Mapa J6*

2. Igreja de Cristo
Ponto de encontro da comunidade anglicana em Istambul, a igreja foi consagrada em 1868 como Igreja Memorial da Crimeia, com dinheiro inglês e pedra maltesa. *Serdar Ekrem Sok 52 • Mapa J6 • (0212) 251 56 16 • Grátis*

3. Mosteiro Mevlevi (Mevlevi Tekkesi)
O mosteiro do século XVIII pertenceu a uma seita sufi de místicos islâmicos, sendo hoje Museu dos Dervixes Rodopiantes (Mevlevihane Müzesi). Os sufis rodopiantes ainda dançam no local. *Galip Dede Cad 15 • Mapa J6 • (0212) 245 41 41 • Aberto 9h-16h qua-seg • Entrada paga; reserve para ver a dança*

4. Consulado Sueco
Erguida em 1757, a magnífica embaixada foi reconstruída após um incêndio, em 1870. *İstiklal Cad 497 • Mapa J6 • (0212) 334 06 00 • Aberto apenas para eventos*

5. Yapı Kredi Vedat Nedim Tör Müzesi
Minúscula galeria de arte fundada por um dos maiores bancos turcos. *İstiklal Cad 285 • Mapa J5 • (0212) 252 47 00 • Aberto 10h-18h45 seg-sex, 10h-17h45 sáb, 13h-17h45 dom • Grátis*

6. Colégio Galatasaray (Galatasaray Lisesi)
Fundado pelo sultão Beyazıt II em 1481, para treinar pajens imperiais, ainda é o colégio mais importante da Turquia. *İstiklal Cad 159 • Mapa K5 • (0212) 249 11 00 • Fechado para o público*

7. Mercado de Peixes (Balık Pazarı)
De dia, mercado de peixes e vegetais; de noite, os restaurantes animados e acessíveis das alamedas adjacentes lotam. *Mapa J5*

8. Galeria das Flores (Çiçek Pasajı)
Antigo mercado de flores na Cité de Pera (1876), é uma das galerias vitorianas rebuscadas da İstiklal, repleta de tabernas (p. 85). *Mapa K4*

9. Igreja de Santo Antônio de Pádua
Edifício neogótico em tijolo vermelho, é a maior igreja católica em funcionamento na cidade. Projeto de 1911 do arquiteto italiano Giulio Mongeri, nascido em Istambul. *İstiklal Cad 171 • Mapa J5 • (0212) 244 09 35 • Aberto 8h-19h30 diariam (fechado 12h30-15h dom) • Grátis*

10. Bonde Nostálgico
O serviço de bonde puxado por cavalos que percorria a İstiklal Caddesi no século XIX foi eletrificado em 1914 (os cavalos seguiram para a guerra). Fechado em 1961, o bonde voltou em 1990. Os carros vermelhos tornaram-se um ícone de Beyoğlu. Bilhetes à venda nas extremidades da linha. *Mapa J5-L4*

Loja de música na Galip Dede Caddesi; Ali Muhiddin Hacı Bekir

Compras

1 Aznavur Pasajı
Essa galeria em estilo italiano inaugurada em 1883 na İstiklal Caddesi oferece artigos artesanais diversos, à venda em nove andares. Entre os maiores destaques, há joias, roupas e lembrancinhas. ☉ *İstiklal Cad 108, Galatasaray Meydanı* • *Mapa K5*

2 Galip Dede Caddesi
Instrumentos musicais, como o tradicional *oud*, violinos artesanais e acordeões usados, são vendidos nas lojas especializadas dessa ruela. ☉ *Tünel* • *Mapa J6*

3 Çukurcuma
Às ruas entre Cihangir e Galatasaray são as melhores para quem está interessado em garimpar antiguidades. ☉ *Mapa K5*

4 Avrupa Pasajı
Essa galeria tranquila e simpática abriga 22 lojas onde se encontram belas joias, cerâmicas e artesanato em geral. Também há raridades como mapas e gravuras antigas. ☉ *Meşrutiyet Cad 16* • *Mapa J5*

5 Beyoğlu İş Merkezi
Um paraíso para quem gosta de pechinchar, em três pavimentos, o Beyoğlu İş Merkezi tem lojinhas que vendem roupas de grife. Muitos produtos são de segunda linha, daí os preços mais baixos. O ateliê de costura instalado no porão entrega ajustes no mesmo dia. ☉ *İstiklal Cad 187* • *Mapa J5*

6 Mavi Jeans
Calças de algodão orgânico e camisetas diferenciadas se destacam no centro de moda turco mais popular de Istambul. ☉ *İstiklal Cad 117* • *Mapa K5*

7 Koton
Encontram-se trajes para homens e mulheres a preços razoáveis nessa rede de lojas. Dentre os frequentes lançamentos estão roupas esportivas e formais. ☉ *İstiklal Cad 54, no shopping Demirören AVM* • *Mapa K4*

8 Paşabahçe
Essa é a principal loja de um dos maiores fabricantes mundiais de artigos de vidro. Vende peças modernas e tradicionais, todas feitas na Turquia. ☉ *İstiklal Cad 314* • *Mapa J5*

9 SALT Beyoğlu
Para quem gosta de arte conceitual e moderna. A galeria também abriga um cinema aberto à rua. ☉ *İstiklal Cad 136* • *Mapa F2*

10 Ali Muhiddin Hacı Bekir
Melhor lugar para comer rahat lokum, essa é a loja em Beyoğlu da rede de confeitarias que inventou o doce em 1777. Outras especialidades são akide (doces coloridos), helva, baklava e marzipã. ☉ *İstiklal Cad 83A* • *Mapa K4*

Área por Área – Beyoğlu

Nardis Jazz Club; Al Jamal; Riddim

Vida Noturna

1 Nardis Jazz Club
Esse clube tradicional tem música ao vivo todas as noites. Escolha uma mesa perto do palco e saboreie saladas e massas. ✆ Kuledibi Sok 14 • Mapa F3 • (0212) 244 63 27

2 Babylon
O Babylon é sem dúvida a melhor opção para qualquer tipo de música ao vivo. ✆ Şeyhbender Sok 3 • Mapa J6 • (0212) 292 73 68

3 Al Jamal
Acomode-se no sofá para assistir a bons espetáculos de dança do ventre – à luz de velas, com dançarinos drag e boa comida. O Al Jamal atrai mais turcos abastados do que turistas, pois o espetáculo é de fato autêntico.
✆ Taşkışla Cad 13, Maçka • Mapa H1 • (0212) 296 09 69

4 Indigo
Com DJ residente e convidados, essa casa mal iluminada é superbadalada pelos apreciadores de música eletrônica. ✆ İstiklal Cad, Akarsu Sok 1-5 • Mapa J5 • (0212) 244 85 67

5 Süheyla
O Süheyla é um dos bons lugares para ouvir *fasil* – a música dos *meyhanes* (p. 110), parte turca, parte cigana, sempre entusiasmada e acompanhada pelo canto da plateia. O cardápio de preço fixo inclui rakı à vontade. ✆ Kalyoncu Kulluk Cad 19 (atrás do mercado de peixes de Balık Pazarı) • Mapa J5 • (0212) 251 83 47

6 Riddim
DJs residentes e visitantes ocasionais tocam uma mistura de R&B, reggae, hip-hop, world music e ritmos latinos nessa casa refinada, que acolhe bem os turistas. ✆ Sıraselviler Cad 53 • Mapa L4 • (0212) 251 27 23

7 Garajlstanbul
Escondida numa travessinha em Beyoğlu, essa casa noturna de programação ousada apresenta espetáculos teatrais, bandas ao vivo e outros eventos culturais.
✆ Kaymakam Reşat Bey Sok 11A, travessa da Yeni Çarşı Cad • Mapa K5 • (0212) 244 44 99

8 360
Os descolados correm para essa cobertura. Lounge music, jantar e DJ residente para dançar depois da meia-noite. A vista de 360° é deslumbrante. ✆ İstiklal Cad 163 • Mapa J5 • (0212) 251 10 42

9 Peyote
Popular para bandas alternativas que atraem um público jovem antenado, com preços baixos e artistas em ascensão. ✆ Kameriye Sok 4, travessa da Hamalbaşı Cad • Mapa J4 • (0212) 251 43 98

10 Salon İKSV
Clube intimista para shows ao vivo de clássicos, jazz, world music e outros gêneros, além de dança e teatro. Adaptações modernas interessantes de dramas tradicionais.
✆ Sadi Konuralp Cad 5, travessa da Refik Saydam Cad • Mapa J6 • (0212) 334 07 00

Categorias de Preço

Refeição típica para uma pessoa, com meze, prato principal, impostos e serviço, sem bebidas alcoólicas.	$ até US$7 $$ US$7-13 $$$ US$13-18 $$$$ US$18-28 $$$$$ mais de US$28

Leb-i-Derya

Bares, Cafés e Restaurantes

Área por Área – Beyoğlu

1 Nevizade Sokak
Nessa ruazinha há vários restaurantes pequenos que servem peixe fresco para acompanhar o rakı. ◊ *Mapa K4* • *$$$*

2 Kafe Ara
Ambiente intelectualizado e artístico nesse café que serve pratos leves com ingredientes frescos (não há bebidas alcoólicas). Decorado com obras do mais famoso fotógrafo turco, Ara Güler. ◊ *Tosbağa Sok 8, travessa da Yeni Çarşı Cad* • *Mapa J5* • *(0212) 245 41 05* • *$$$*

3 Refik
Verdadeiro *meyhane* com meze, vinho à vontade e clientela boêmia. O Refik parou no tempo, e isso é ótimo. ◊ *Sofyali Sok 6-8* • *Mapa J6* • *(0212) 243 28 34* • *$$$*

4 Galata House
Restaurante original, em um antigo presídio inglês reformado. Serve deliciosa comida russa-georgiana-turca. ◊ *Galata Kulesi Sok 15* • *Mapa F2* • *(0212) 245 18 61* • *Fechado seg* • *$$$*

5 Yakup 2
Popular entre grandes grupos, é um bom lugar para beber e fumar. Excelente menu de meze, saladas e grelhados. ◊ *Asmalimescit Sok 35* • *Mapa J6* • *(0212) 249 29 25* • *$$*

6 Hala Mantı
Pratos turcos substanciosos como manti (um tipo de ravióli) são servidos nesse reduto popular. ◊ *Büyükparmakkapı, Çukurlu Çeşme Sok 14/A* • *Mapa L4* • *(0212) 293 75 31* • *$*

7 Leb-i-Derya
Após o coquetel, experimente a especialidade da casa, o steak Mahmudiye, temperado com 40 especiarias. Chegue cedo se quiser ficar no pequeno terraço da cobertura. Indispensável reservar para o fim de semana. ◊ *Kumbaracı Yokuşu 57/6* • *Mapa J6* • *(0212) 293 49 89* • *$$$*

8 Zencefil
Comida vegetariana em estilo europeu, leve e saborosa, em um pequeno café-restaurante adorável, com pátio ao ar livre. ◊ *Kurabiye Sok 8-10* • *Mapa K4* • *(0212) 243 82 34* • *$*

9 Pano Şarap Evi
Vinho e cerveja à vontade nesse bar popular situado em rua pouco movimentada. ◊ *Hamalbaşı Cad 12/B* • *Mapa J4* • *(0212) 292 66 64*

10 Changa
Em prédio art nouveau, esse restaurante moderno serve pratos fabulosos no estilo fusion-Pacífico. Trechos do piso de vidro permitem acompanhar o trabalho dos chefs no andar de baixo. ◊ *Sıraselviler Cad 47* • *Mapa L5* • *(0212) 249 13 48* • *Fechado dom* • *$$$$$*

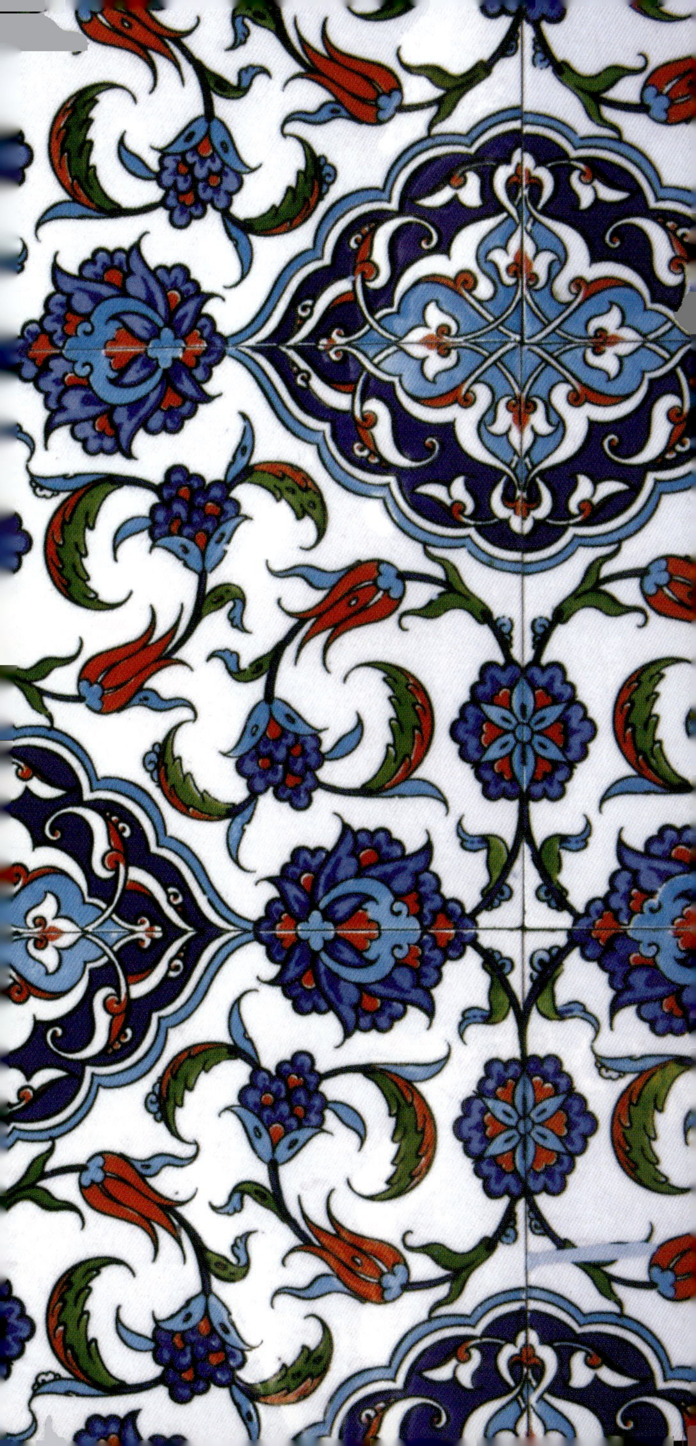

O İstanbul Modern; Vista do lado asiático do Bósforo

Bósforo

O BÓSFORO É UM DOS CANAIS *mais movimentados do mundo, única via navegável entre os mares Negro e Mediterrâneo. Com 32km de comprimento e largura variável (698m a 3,5km), liga o mar Negro ao mar de Mármara, dividindo Europa e Ásia. O estreito é governado pela lei marítima internacional, o que significa que a Turquia tem autoridade apenas sobre barcos com sua bandeira. A navegação pode ser difícil, pois a mistura da água doce do mar Negro com a água salgada do mar de Mármara gera correntes complexas. Tudo isso é interessante, mas a beleza do canal e dos prédios históricos das margens é o aspecto que mais fascina aos visitantes.*

Muralhas e baluartes da Fortaleza da Europa

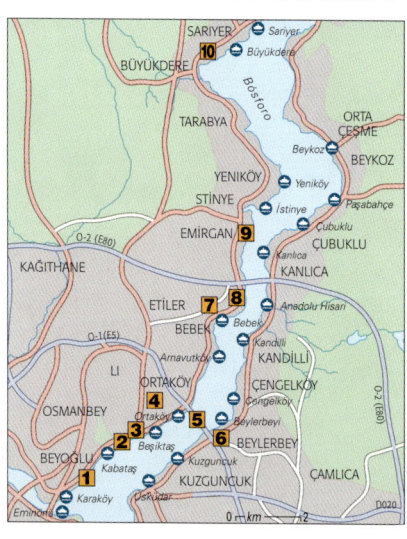

Destaques

1. İstanbul Modern
2. Palácio Dolmabahçe
3. Museu Naval
4. Palácio de Yıldız
5. Ponte do Bósforo
6. Palácio de Beylerbeyi
7. Museu Aşiyan
8. Fortaleza da Europa
9. Museu Sakıp Sabancı
10. Museu Sadberk Hanım

Nas páginas anteriores, azulejos de İznik em parede no interior da Mesquita Azul

Área por Área – Bósforo

88

1 İstanbul Modern

Essa galeria de vanguarda abriga uma pequena coleção permanente de pintura, escultura e fotografia turca moderna, além de realizar exposições e apresentar vídeos e instalações. Possui, ainda, um cinema de arte.

- *Meclis-i Mebusan Cad, Karaköy*
- *Mapa G2* • *(0212) 334 73 00*
- *www.istanbulmodern.org*
- *Aberto 10h-18h ter-dom (até 20h qui)*
- *Entrada paga*

Banheiro de alabastro, Palácio Dolmabahçe

2 Palácio Dolmabahçe (Dolmabahçe Sarayı)

Em 1856 o sultão Abdül Mecit mudou a família e o governo para esse palácio em estilo europeu de Beşiktaş, nas margens do Bósforo, abandonando o Topkapı *(pp. 26-7)*.

3 Museu Naval (Deniz Müzesi)

A história marítima da Turquia otomana é celebrada nesse museu acessível e didático, com dois prédios e um atracadouro em Beşiktaş. No primeiro bloco há caíques imperiais luxuosos. São pequenas embarcações de fundo chato e proa alta, usadas para transportar a família imperial no Bósforo. O maior deles, feito para o sultão Mehmet IV em 1648, tinha 40m de comprimento, exigindo 144 homens para conduzi-lo. No outro prédio vê-se uma seleção de figuras de proa, peças capturadas, armamento, pinturas e entalhes – além dos móveis do iate particular de Atatürk, o *Savarona*.

Barco a remo usado por Atatürk, Museu Naval

- *Hayrettin Paşa İskelesi Sok, Beşiktaş* • *Mapa C5* • *(0212) 327 43 45* • *Bonde de Kabataş e 5min a pé* • *Aberto 9h-17h qua-sex, 10h-18h sáb-dom (verão)*
- *Entrada paga*

4 Palácio de Yıldız (Yıldız Sarayı)

A maior parte do excêntrico palácio foi obra do sultão Abdül Hamit II (governo de 1876 a 1909), marceneiro hábil, cuja antiga oficina abriga hoje o museu do Palácio de Yıldız. O parque e os pavilhões também podem ser visitados. No conjunto há a Fábrica Imperial de Porcelana, mas a produção de porcelanas finas deu lugar à de louça fabricada em massa.
- *Yıldız Cad, Beşiktaş* • *Mapa C4* • *(0212) 258 30 80*
- *Palácio: aberto 9h-18h qua-seg; Parque: aberto 10h-17h30 diariam (até 16h no inverno)* • *Entrada paga para o palácio*

Pavilhão Şale, Parque do Palácio de Yıldız

5 Ponte do Bósforo (Boğaziçi Köprüsü)

Em 1973, para comemorar o 50º aniversário da fundação da República da Turquia, foi inaugurada essa ponte impressionante, que liga Europa e Ásia através do estreito do Bósforo. Com 1.560m de comprimento, é a sexta maior ponte suspensa do mundo. Como o trânsito de pedestres é proibido, só é possível admirar a bela paisagem a partir da ponte quando se está dentro de um carro – mesmo preso no costumeiro engarrafamento do horário de rush. ◊ *Mapa C4*

Fonte de mármore no átrio do Palácio de Beylerbeyi

6 Palácio de Beylerbeyi (Beylerbeyi Sarayı)

Pequeno, requintado, frívolo, esse palácio foi construído pelo sultão Abdül Aziz entre 1860 e 1865 como residência de veraneio. Ali o sultão Abdül Hamit II viveu cativo após sua deposição, em 1909. Os incríveis detalhes do arquiteto Sarkis Balyan, no estilo rococó oriental, encantam ou espantam os visitantes. Veja os entalhes na Sala da Fonte, as maçanetas pintadas à mão, os lustres de cristal da Boêmia, os tapetes Hereke e a mobília de nogueira e pau-rosa feita pelo próprio sultão *(p. 89)*.
◊ *Çayırbaşı Cad (perto da Ponte do Bósforo)* • *Mapa C5* • *(0216) 321 93 20* • *Ônibus 15 de Üsküdar* • *Aberto 9h-17h (16h out-abr) ter-qua, sex-dom (apenas visitas guiadas)* • *Entrada paga*

Paranoia Sultanesca

Aterrorizado pelas tramas contra seu trono e pela ameaça de ataques de navios estrangeiros ao Palácio Dolmabahçe, o sultão Abdül Hamit II (g. 1876-1909) mudou-se para o Palácio de Yıldız *(p. 89)*, bem menor, cujo centro – os Apartamentos de Estado (Büyük Mabeyn) – datavam do reinado do sultão Selim III (g. 1789-1807). Abdül Hamit construiu um extenso complexo de pavilhões e mansões nos terrenos do palácio, e dizia-se que nunca passava duas noites seguidas na mesma cama. Ele foi deposto em abril de 1909.

7 Museu Aşiyan (Aşiyan Müzesi)

O poeta e filósofo utopista Tevfik Fikret (1867-1915), fundador do movimento Edebiyat-i Cedid (Nova Literatura), ergueu em 1906 essa mansão de madeira, hoje campus da universidade de Boğaziçi. O movimento se faz presente em objetos pessoais e fotos dos membros.
◊ *Aşiyan Yokuşu, Bebek* • *Mapa U4* • *(0212) 263 69 86* • *Aberto 9h-16h30 ter, qua, sex, sáb*

8 Fortaleza da Europa (Rumeli Hisarı)

Em 1492, quando preparava o ataque final a Constantinopla, Mehmet II construiu uma imensa fortaleza no ponto mais estreito do Bósforo, na frente da Fortaleza da Ásia (Anadolu Hisarı) *(p. 92)*, de modo a cortar os suprimentos da cidade. As três torres principais do castelo são rodeadas por uma muralha enorme, com treze bastiões. A torre principal foi depois convertida em prisão. Após a restauração de 1953, o forte foi aberto ao público. ○ *Yahya Kemal Cad • Mapa U4 • (0212) 263 53 05 • Aberto 9h-16h30 qui-ter • Entrada paga*

9 Museu Sakıp Sabancı (Sakıp Sabancı Müzesi)

Residência de verão da família de industriais Sabancı entre 1951 e 1999, a Mansão do Cavalo (Atlı Köşk) tornou-se um museu instalado no magnífico jardim que dá para o Bósforo. O acervo tem como alguns de seus grandes destaques a caligrafia otomana e as telas de artistas turcos importantes dos séculos XIX e XX. A ala moderna recebe exposições internacionais de porte, em galeria bem projetada. ○ *Sakıp Sabancı Cad 42, Emirgan • Mapa U3 • (0212) 277 22 00 • Aberto 10h-18h ter-dom (até 20h qua) • Entrada paga*

10 Museu Sadberk Hanım (Sadberk Hanım Müzesi)

Essa instituição possui um imperdível acervo de bordados turcos e figurinos anatólios, tabuletas cuneiformes assírias e moedas e joias de ouro hititas. ○ *Piyasa Cad 27-9, Büyükdere • Mapa U2 • (0212) 242 38 13 • www.sadberkhanim muzesi.org.tr • Aberto 10h-17h qui-ter • Entrada paga*

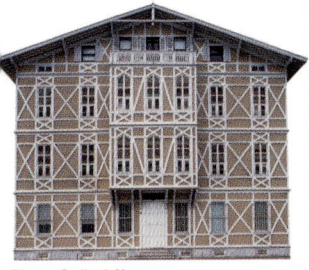

Museu Sadberk Hanım

Caminhada por Karaköy

Manhã

Comece no mercado de peixes perto da **praça de Karaköy**. A partir dali, siga pela Haraççı Ali Sokak até o **Museu Judaico**, na Sinagoga Zülfaris, do século XVII. Vire à esquerda na **Voyvoda Caddesi**, que deve o nome a Vlad, o Empalador, cuja cabeça decapitada teria sido exibida na rua. Esse é o mais antigo centro bancário de Istambul, com belos prédios antigos. A **escadaria de Kamondo** leva à Ponte de Gálata. Volte pela Karaköy Caddesi e dobre à direita para visitar a **Yeraltı Cami**, mesquita subterrânea construída no local de uma antiga torre bizantina.

Tarde

De volta à praça de Karaköy, vire à esquerda na **Rıhtım Caddesi**. A **Güllüoğlu** é uma das docerias mais finas da Turquia, com baklavas vendidos a quilo; o **Galata Rıhtım Köftecisi**, perto, oferece uma opção mais saudável de almoço. Siga a ruela entre duas pequenas e belas mesquitas, a **Nusretiye** (à dir.), construída por Kirkor Balyan na década de 1820, e a do **Kılıç Ali Paşa**, erigida por Sinan em 1580 e batizada com o nome de um famoso almirante da marinha de Suleiman. Dobre à direita na rua principal e, logo depois do prédio da Universidade Mimar Sinan, vire à direita novamente. Siga as placas pela área das velhas docas até o **İstanbul Modern** *(p. 89)*, onde poderá desfrutar o pôr do sol tomando um coquetel no elegante café-bar que dá vista para o Bósforo. Pegue o metrô até Kabataş e o funicular que sobe até Taksim, para jantar no **Changa** *(p. 85)*, de onde também se descortina bela vista.

Área por Área – Bósforo

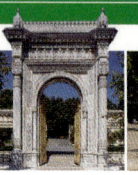

Fortaleza da Ásia; Entrada do Palácio Çırağan; Ortaköy

Outras Atrações

1. Museu da Pintura e da Escultura (Resim ve Heykel Müzesi)
Exibe-se arte dos séculos XIX e XX na Suíte do Príncipe do Palácio Dolmabahçe. ⌘ *Hayrettin Paşa Iskelesi Sok, Beşiktaş • Mapa C5 • (0212) 261 42 98 • Ônibus 25E, 28, 40, 56 • Aberto 10h-16h30 ter-sáb • Grátis*

2. Palácio Çırağan (Çırağan Sarayı)
O sultão Abdül Aziz gastou uma fortuna na construção do palácio, só para concluir que era úmido e se mudar. Tornou-se hotel de luxo. ⌘ *Çırağan Cad 32, Beşiktaş • Mapa C5 • (0212) 326 46 46 • www.ciragan-palace.com • Ônibus 25E, 40*

3. Ortaköy
O pitoresco vilarejo vizinho à Ponte do Bósforo possui cafés, restaurantes e casas noturnas à beira d'água, além de feira de artesanato nos fins de semana. ⌘ *Mapa C5 • Ônibus 25RE, 40*

4. Museu do Automóvel (SAV Otomobil Müzesi)
Essa é a maior coleção turca de carros antigos. ⌘ *Bosna Bulvarı 104, Çengelköy (lado asiático) • Mapa U4 • (0216) 329 50 30 • Aberto sex-dom • Entrada paga*

5. Arnavutköy
Conhecido pelos morangos, o vilarejo de Arnavutköy tornou-se famoso também pelas charmosas *yalıs* (mansões de madeira) construídas na margem. ⌘ *Mapa U4 • Por terra ou de barco*

6. Palácio Küçüksu (Küçüksu Kasrı)
Küçüksu, com dois rios chamados de "Doces Águas da Ásia" pelos otomanos, era local de lazer da corte imperial. O palácio foi erguido em 1857 para servir como abrigo de caça para Abdül Mecit. ⌘ *Küçüksu Cad, Beykoz (lado asiático) • Mapa V3 • (0216) 332 33 03 • Ônibus 15 de Üsküdar • Aberto 9h30-16h ter, qua, sex-dom (apenas visitas guiadas) • Entrada paga*

7. Fortaleza da Ásia (Anadolu Hisarı)
Construído por Beyazit I em 1391, o forte do lado asiático é menor do que a Fortaleza da Europa, erguida por Mehmet II em 1452, do outro lado do Bósforo (p. 90). ⌘ *Mapa U4 • Por terra ou de barco, para Kanlıca*

8. Parque Emirgan (Emirgan Parkı)
Parque atraente, com jardim botânico, é uma das sedes do anual Festival da Tulipa, em abril. ⌘ *Emirgan Sahil Yolu • Mapa U3 • Ônibus 25E, 40 • Aberto 7h-10h diariam*

9. Tarabya
Ocupado inicialmente por gregos abastados, no século XVIII, o bairro de Tarabya tem bons restaurantes de frutos do mar. ⌘ *Mapa U2 • Por terra ou de barco*

10. Anadolu Kavağı
Última parada do barco do Bósforo. Suba o morro até o Castelo Yoros, fortaleza genovesa do século XIV semidestruída. ⌘ *Mapa V2 • Lado asiático; por terra ou de barco*

Categorias de Preço	
Refeição típica para uma pessoa, com meze, prato principal, impostos e serviço, sem bebidas alcoólicas.	$ até US$7 $$ US$7-13 $$$ US$13-18 $$$$ US$18-28 $$$$$ mais de US$28

Laledan

Bares, Cafés e Restaurantes

1 Tophane
Escolha um dos cafés atrás da mesquita Nusretiye para fumar no narguilé. Alguns ficam abertos a noite inteira e permitem o consumo de comida das barraquinhas próximas. ⊗ *Tophane-Karaköy • Mapa F3*

2 Laledan, Beşiktaş
Parte do complexo do Çırağan Palace Hotel Kempinski, o Laledan serve brunch em cenário de conto de fadas. ⊗ *Çırağan Cad, Beşiktaş • Mapa C5 • (0212) 236 73 33 • $$$$$*

3 Vogue
Indispensável reservar mesa nesse restaurante chique que tem sushi e cozinha fusion, situado no 13º andar de um prédio. ⊗ *Spor Cad 48, BJK Plaza A, Blok 13, Beşiktaş • Mapa C5 • (0212) 227 44 04 • $$$$*

4 Feriye Lokantası
Situado na pitoresca margem de Ortaköy, o Feriye oferece culinária otomana deliciosa, com destaque para o cordeiro na brasa. Reserve. ⊗ *Çırağan Cad 40, Ortaköy • Mapa U4 • (0212) 227 22 16/7 • $$$$*

5 The House Café
Café que serve pizzas incomuns (com pera, roquefort e mel), além de frutos do mar e especialidades de brunch. O deque à beira d'água abre no verão para funcionários dos escritórios tomarem um drinque depois do serviço, e atrai jovens que se encontram ali após o jantar. ⊗ *Yıldız Mahallesi, Salhane Sok 1, Ortaköy • Mapa U4 • (0212) 227 26 99 • Reserve para o brunch*

6 Anjelique
No térreo, na margem, funciona o sofisticado restaurante italiano Da Mario (só no verão), enquanto os pisos superiores têm comida internacional e viram danceteria depois que a cozinha fecha. ⊗ *Muallim Naci Cad, Salhane Sok 5, Ortaköy • Mapa U4 • (0212) 327 28 44/5 • $$$$*

7 Istanbul Jazz Center
Destaque durante o festival anual de jazz, esse animado local serve comida no terraço e no salão. Música ao vivo todas as noites, menos domingo. ⊗ *Çırağan Caddasi Salhane Sok 10, Ortaköy • Mapa U4 • (0212) 327 50 50*

8 Poseidon
Localizado no estiloso bairro de Bebek, esse restaurante chique de frutos do mar oferece comida deliciosa. ⊗ *Çevdet Paşa Cad 58 • Mapa U3 • (0212) 287 95 31 • $$$$*

9 Reina
Em casa assumidamente pretensiosa, música europeia atual para dançar. ⊗ *Muallim Naci Cad 44, Ortaköy • Mapa U4 • (0212) 259 59 19 • Entrada paga sex, sáb; grátis nos outros dias*

10 Aşşk Kahve
Desfrute um brunch magnífico nesse convidativo restaurante à beira d'água, que oferece desde sanduíches e saladas até massas, peixes e frango. ⊗ *Muallim Naci Cad 64B, Kuruçeşme • Mapa U4 • (0212) 265 47 34 • $$$$*

Área por Área – Bósforo

Torre de Leandro; Casa de boneca, Museu do Brinquedo de Istambul

Istambul Asiática

A ISTAMBUL ASIÁTICA, EMBORA MAIS RESIDENCIAL, *possui inúmeros tesouros ocultos. Em torno de Üsküdar pode-se apreciar muitas das mesquitas de Sinan, deslumbrar-se com a vista do alto da Büyük Çamlıca, colina que é o ponto culminante da cidade, e visitar o Museu Florence Nightingale, no Quartel Selimiye.*

Perambule pelos mercados e relaxe nos cafés de Kadıköy ou Moda, mais chique. A Estação do Haydarpaşa era o ponto final de trens que vinham da Ásia, mas hoje tem futuro incerto. Balsas frequentes de Eminönü e Karaköy, assim como o Marmaray, extensão subaquática do metrô, facilitam o trânsito entre os continentes.

Tumba do guerreiro Karacaahmet

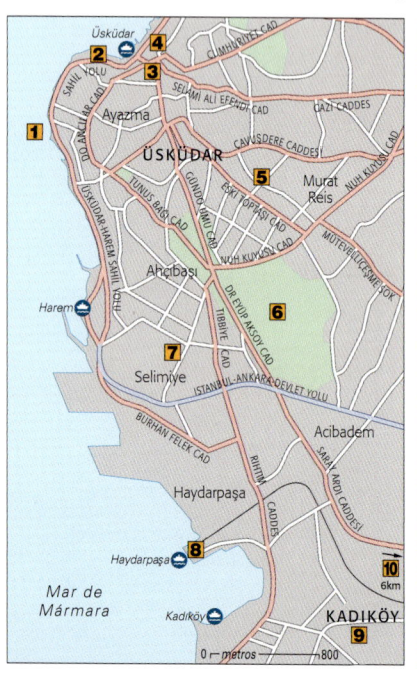

Destaques

1. Torre de Leandro
2. Mesquita do Şemsi Paşa
3. Nova Mesquita da Sultana-Mãe
4. Mesquita İskele
5. Antiga Mesquita da Sultana-Mãe
6. Cemitério de Karacaahmet
7. Museu Florence Nightingale
8. Estação do Haydarpaşa
9. Kadıköy
10. Museu do Brinquedo de Istambul

Para telefonar do lado europeu para o asiático é preciso acrescentar o código 0216

1 Torre de Leandro (Kız Kulesi)

Segundo a mitologia grega, Leandro se afogou quando tentava cruzar o Dardanelos – de sua cidade natal, Abidos, do lado asiático, para encontrar a amada Hero, sacerdotisa em Sestos, na margem oposta. A torre fica numa ilhota ao largo de Üsküdar. Em turco, seu nome significa "Torre da Donzela", em referência à lenda da princesa bizantina condenada em profecia a morrer picada por uma serpente. Trancada na torre da ilha para sua própria proteção, ela é atacada pela cobra oculta entre os figos de um cesto. No decorrer de sua história a torre serviu de centro de quarentena e alfândega; hoje abriga um restaurante. Apareceu no filme *007 – O mundo não é o bastante*, de 1999. ◎ *Mapa W3 • (0216) 342 47 47 • Torre: aberta 12h30-18h30 seg-sex, 9h15-18h30 sáb e dom; restaurante: aberto até 1h*

2 Mesquita do Şemsi Paşa (Şemsi Paşa Camii)

Diz a lenda que os pássaros não pousam nem sujam a mesquita por respeito a sua beleza e por admiração pelo arquiteto. Um dos derradeiros projetos de Mimar Sinan *(p. 21)*, ficou pronta em 1580. Encomendada por Şemsi Ahmet Paşa, grão-vizir de Suleiman I, em pedra branca, de dimensões modestas, situa-se em cenário encantador, entre os restaurantes de frutos do mar da margem.
◎ *Sahil Yolu • Mapa W2 • Barco de Üsküdar • Aberto diariam • Grátis*

Fonte das abluções, Mesquita İskele

3 Nova Mesquita da Sultana-Mãe (Yeni Valide Camii)

Imponente mesquita erigida em 1710 por Ahmet III para a mãe, Gülnuş Emetullah. ◎ *Hakimiyeti Milliye Cad • Mapa X2 • Barco de Üsküdar ou Marmaray • Aberto diariam*

4 Mesquita İskele (İskele Camii)

Chamada oficialmente de Mihrimah Sultan, essa mesquita de 1547-48 foi presente de Suleiman I a Mihrimah, sua filha favorita. O pórtico elevado oferece uma vista deslumbrante da área, até a praça principal. ◎ *Kurşunlu Medrese Sok • Mapa X2 • (0216) 321 93 20 • Barco de Üsküdar ou Marmaray • Aberto diariam (fechado nos horários de oração) • Grátis*

5 Antiga Mesquita da Sultana-Mãe (Atik Valide Camii)

No alto de uma colina, o imenso conjunto dessa mesquita foi terminado em 1583, para Nurbanu Valide, esposa de Selim II, judia nascida em Veneza. Um dos melhores projetos de Sinan. ◎ *Çinili Camii Sok • Mapa Y3 • Ônibus 12C de Üsküdar • Aberto só em horários de oração*

Mesquita do Şemsi Paşa, em Üsküdar

Área por Área – Istambul Asiática

95

6. Cemitério de Karacaahmet (Karacaahmet Mezarlığı)

Fundado no século XIV, esse é o maior cemitério da Turquia. A necrópole muçulmana homenageia no nome o guerreiro Karacaahmet, enterrado em mausoléu venerado. Local agradável para caminhar entre antigos ciprestes e lápides interessantes.

Nuh Kuyusu Cad, Selimiye • Mapa Y5 • Ônibus 12 • Aberto 9h30-17h30; túmulo: aberto 9h30-16h30 diariam

7. Museu Florence Nightingale

Na torre noroeste do Quartel Selimiye há um comovente tributo à formidável enfermeira inglesa Florence Nightingale (1820-1910), que reuniu em 1854 um grupo de 38 mulheres e montou um hospital em Istambul para tratar de milhares de soldados turcos e aliados feridos na Guerra da Crimeia (1853-56), criando a moderna prática de enfermagem. Entre os destaques do museu estão fotos, medalhões, presentes do sultão Abdül Mecit e a lamparina que valeu a Nightingale o apelido de "a dama da lâmpada". O imenso quartel onde se encontra o museu começou a ser erguido em 1828 por Mahmut II, para substituir as instalações militares anteriores, construídas por Selim III.

Selimiye Kışlası, Çeşme-i-Kebir Cad • Mapa X5 • (0216) 556 81 66 • Barco para Harem • Aberto 9h-17h seg-sex • Grátis • Visitantes precisam pedir autorização pelo fax (0216) 553 10 09 com pelo menos dois dias de antecedência, fornecendo nome, nacionalidade, dados do passaporte e telefone de contato

Busto de Florence Nightingale

8. Estação do Haydarpaşa

Essa é a maior estação ferroviária turca, ponto mais ocidental de parada dos trens asiáticos. Presente do kaiser alemão Guilherme II, foi inaugurada em 1908, segundo projeto dos arquitetos Otto Ritter e Helmuth Cuno. Até recentemente a estação era o ponto de partida dos viajantes com destino à Anatólia ou à Síria; já os trens para a Europa partem da Estação de Sirkeci, *p. 58*. No entanto, com a inauguração do túnel Marmaray, que passa sob o Bósforo, o futuro dessas duas estações é incerto. *Haydarpaşa İstasyon Cad • Mapa C6 • (0216) 336 04 75 • Barco para Haydarpaşa ou Kadıköy*

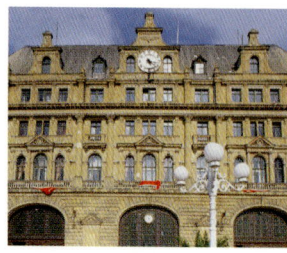

O Marmaray

O nome "Marmaray" vem da combinação de mar de Mármara com "ray", palavra turca para ferrovia. Em 2013, uma parte importante do principal projeto de infraestrutura da Turquia saiu do papel: o túnel subaquático que liga Sirkeci a Üsküdar. No futuro, o túnel Marmaray será o ponto central da renovada rede ferroviária local, que ligará Halkali, no lado europeu da cidade, a Gebze, na metade asiática, proporcionando um meio de transporte muito mais rápido e de qualidade aos habitantes de Istambul. O próximo passo do projeto é a construção de uma terceira ponte sobre o Bósforo.

Estação do Haydarpaşa

Banca de alimentos no mercado Kadıköy

Kadıköy
9
Ocupado inicialmente no Período Neolítico, Kadıköy abrigou depois a colônia grega de Calcedônia, a partir de 676 a.C., nove anos antes da fundação de Bizâncio (p. 56). Contudo, a Calcedônia mostrou-se mais vulnerável a invasões do que Bizâncio, e não prosperou. Hoje Kadıköy é um bairro comercial popular e atraente, mas sem perder a atmosfera aconchegante, doméstica. O animado mercado perto das docas fornece frutas e legumes frescos de primeira qualidade. Um bonde nostálgico percorre a região, até o requintado bairro de Moda (p. 98), perfeito para uma agradável caminhada pela costa. O Fenerbahçe, um dos principais times de futebol da Turquia, tem sede ali perto (estádio de Şükrü Saraçoğlu), o que provoca engarrafamentos em dias de jogo.
◉ Mapa C6 • Barcos frequentes a partir de Eminönü

Museu do Brinquedo de Istambul (İstanbul Oyuncak Müzesi)
10
Os destaques dessa coleção são os brinquedos e miniaturas do mundo inteiro, com oficina de brinquedos, a miniatura de um violino francês de 1817 e uma boneca norte-americana dos anos 1820. ◉ Ömerpaşa Cad, Dr Zeki Zeren Sok 17, Göztepe • Mapa U5 • (0216) 359 45 50/1 • Aberto 9h30-18h ter-dom • Entrada paga • www.istanbuloyuncakmuzesi.com

Um Dia na Ásia

Manhã

Pegue o barco matinal de Eminönü a **Üsküdar**, e dali vá à lendária **Torre de Leandro.** O alto da torre é perfeito para um pequeno lanche.

De volta à margem asiática, explore as mesquitas de Üsküdar, depois siga até a majestosa **Estação do Haydarpaşa** e visite o **Quartel Selimiye** (deve-se marcar hora antes, por fax, porque o lugar continua sendo uma área militar), onde se localizam o hospital militar da Guerra da Crimeia e o fascinante **Museu Florence Nightingale**. Em seguida vale dar uma caminhada meditativa pelos túmulos melancólicos do **Cemitério Britânico da Crimeia** (p. 98) e pelas plácidas lápides do **Cemitério de Karaca Ahmet**, que abriga os restos mortais de cerca de 1 milhão de pessoas.

Tarde

Para mudar o astral, siga em direção ao sul, até **Kadıköy**, movimentado centro comercial. Almoce num dos bares ou cafés animados da **Kadife Sokak** (Rua dos Bares, p. 99), que oferecem música ao vivo. Pegue o bonde para passear em **Moda** (p. 98) à beira-mar, tomando um sorvete. Ou leve o cartão de crédito para fazer compras nas diversas lojas de grife espalhadas pela **Bağdat Caddesi** (p. 99). Jante cedo – por exemplo, no elegante **Zanzibar** (p. 98), situado no cais de Caddebostan –, antes de pegar o táxi até o terminal de barco de Kadıköy e voltar para o lado europeu (o último barco parte às 23h).

Com a inauguração do Marmaray, mesmo quem se hospeda em Sultanahmet ou Beyoğlu pode sair para jantar em Kadıköy

Cidade vista da Büyük Çamlıca; Costa de Moda

Outras Atrações

1 İskele Meydanı
A agitada praça central de Üsküdar (nome oficial Demokrasi Meydanı, pouco usado) abriga as mesquitas Nova da Sultana-Mãe e İskele, além da barroca Fonte de Ahmet III, de 1728. ◎ *Mapa X2* • *Barco ou Marmaray para Üsküdar*

2 Museu Barış Manço (Barış Manço Müzesi)
O lar de Barış Manço, famoso cantor pop da Turquia, encontra-se na área residencial de Moda. A casa, hoje um museu, expõe *memorabilia* da cena musical dos anos 1970.
◎ *Yusuf Kamil Paşa Sok 5, Moda* • *Barco para Kadıköy, depois bonde para Moda*

3 Mesquita do Rum Mehmet Paşa (Rum Mehmet Paşa Camii)
Encomendada pelo grão-vizir Rumi Mehmet Paşa e aberta em 1471, é uma das mesquitas mais antigas de Istambul ainda em funcionamento.
◎ *Şemsi Paşa Cad, Üsküdar* • *Mapa W2* • *Barco ou Marmaray para Üsküdar*

4 Mesquita dos Azulejos (Çinili Camii)
Aprecie os azulejos de İznik nessa mesquita de 1640. ◎ *Çinili Hamam Sok 1, Üsküdar* • *Mapa Y3* • *Barco ou Marmaray para Üsküdar e 20min a pé* • *Aberto só em horários de oração*

5 Cemitério Britânico da Guerra da Crimeia
A maior parte dos 6 mil soldados nesse cemitério morreu de cólera, e não em batalha. O Memorial da Guerra foi erigido em 1857.
◎ *Travessa da Burhan Felek Cad* • *Mapa X6* • *Barco para Harem e 15min a pé*

6 Büyük Çamlıca
Parque no ponto mais alto de Istambul, com vista espetacular da cidade. ◎ *Mapa V5* • *Dolmuş (lotação) ou táxi de Üsküdar*

7 Bahariye Caddesi
A Bahariye Caddesi, em Kadıköy, é uma agitada rua de compras percorrida por um bonde nostálgico. Um monumental touro de metal identifica a rua. ◎ *Barco para Kadıköy*

8 Moda
Uma das áreas emergentes da Istambul asiática, Moda se tornou local preferido de encontro nas tardes de domingo. Uma multidão lota seus cafés, restaurantes, butiques e sorveterias. ◎ *Mapa C6* • *Barco ou metrô até Kadıköy, depois bonde*

9 Bağdat Caddesi
Um sonho consumista, a Bağdat Caddesi abriga pontos de grifes sofisticadas como Louis Vuitton, French Connection e Tommy Hilfiger, além de lojas de redes turcas como a Koton.
◎ *Mapa U6* • *Barco para Kadıköy, depois táxi ou dolmuş*

10 Kuzguncuk
Circule pelas ruas com casas de madeira de um dos antigos bairros judeus de Istambul e, depois, faça um lanche ou jante em um dos convidativos cafés e restaurantes da via principal, a İcadiye Caddesi. ◎ *Mapa C5*

Interior do Çiya

Categorias de Preço	
Refeição típica para uma pessoa, com meze, prato principal, impostos e serviço, sem bebidas alcoólicas.	$ até US$7 $$ US$7-13 $$$ US$13-18 $$$$ US$18-28 $$$$$ mais de US$28

Bares, Cafés e Restaurantes

Área por Área – Istambul Asiática

1 Kanaat, Üsküdar
Essa tradicional *lokanta* continua tão popular quanto na inauguração, em 1933. Oferece comida turca barata mas excelente, com destaque para pudins tentadores. ◊ Selmanipak Cad 9 • Mapa X2 • (0216) 553 37 91 • $$

2 Çiya, Kadıköy
Sensacionais kebabs nesse restaurante gourmet informal. Saladas e meze também valem a pena. Mesas na calçada e no terraço descoberto. ◊ Caferağa Mah, Guneşlibahçe Sok 44 • Mapa U5 • (0216) 418 51 15 • $$$

3 Otantik Anadolu Yemekleri, Kadıköy
Oferece cozinha anatólia simples e substanciosa, com destaque para gözleme (panquecas recheadas), frango, cordeiro ensopado e charutinho de repolho. ◊ Muvakkithane Cad 62-4 • Mapa U5 • (0216) 330 71 44 • $$

4 Kadife Sokak, Kadıköy
Chamada pelos moradores de Barlar Sokak (rua dos bares), recebe principalmente jovens em seus bares, cafés e casas noturnas. Aprecie o jazz de vanguarda e a música eletrônica do Karga, beba vinhos finos no Isis ou relaxe numa mesa do Arka Oda. ◊ Mapa U5

5 Buddha Rock Bar, Kadıköy
Bar universitário popular, serve drinques acessíveis para a multidão cheia de energia, fã de rock e blues ao vivo e do DJ residente. ◊ Caferağa Mah, Kadife Sok 14 • Mapa U5 • (0216) 345 87 98 • $$

6 Sayla Mantı, Kadıköy
Restaurante discreto, serve um excelente ravióli turco. ◊ Bahariye Cad, Nailbey Sok 32 • Mapa U5 • (0216) 449 08 42 • $

7 Deniz Yıldızı, Kadıköy
Esse tradicional bar e restaurante permite apreciar sem pressa os barcos passarem na frente. Aberto o dia inteiro, tem como opções, além dos pratos do amplo cardápio, alguns sanduíches, saladas, cerveja e cafés. ◊ İskele Cad, Eski Kadıköy İskelesi • Mapa U5 • (0216) 414 76 43 • $$$

8 Tarihi Moda İskelesi, Moda
Em requintado prédio no antigo cais, esse café serve boa comida, sendo uma opção justa para o almoço. ◊ Na ponta do píer, perto da Moda İskele Cad • Mapa U6 • $$$

9 Viktor Levi, Kadıköy
Popular bar de vinhos no coração de Kadıköy, com um agradável jardim. O Viktor Levi oferece amplo leque de refeições suntuosas, tanto no almoço quanto no jantar. ◊ Moda Cad, Damacı Sok 4, Kadıköy • (0216) 449 93 29 • $$$

10 Café Zanzibar, Caddebostan
Servindo de salada Waldorf a pizza, esse restaurante ocidentalizado da moda ocupa uma mansão do século XIX à beira d'água. Sobremesas tão divinas como a vista. ◊ Cemil Topuzlu Cad 102/A • (0216) 385 64 30 • $$$

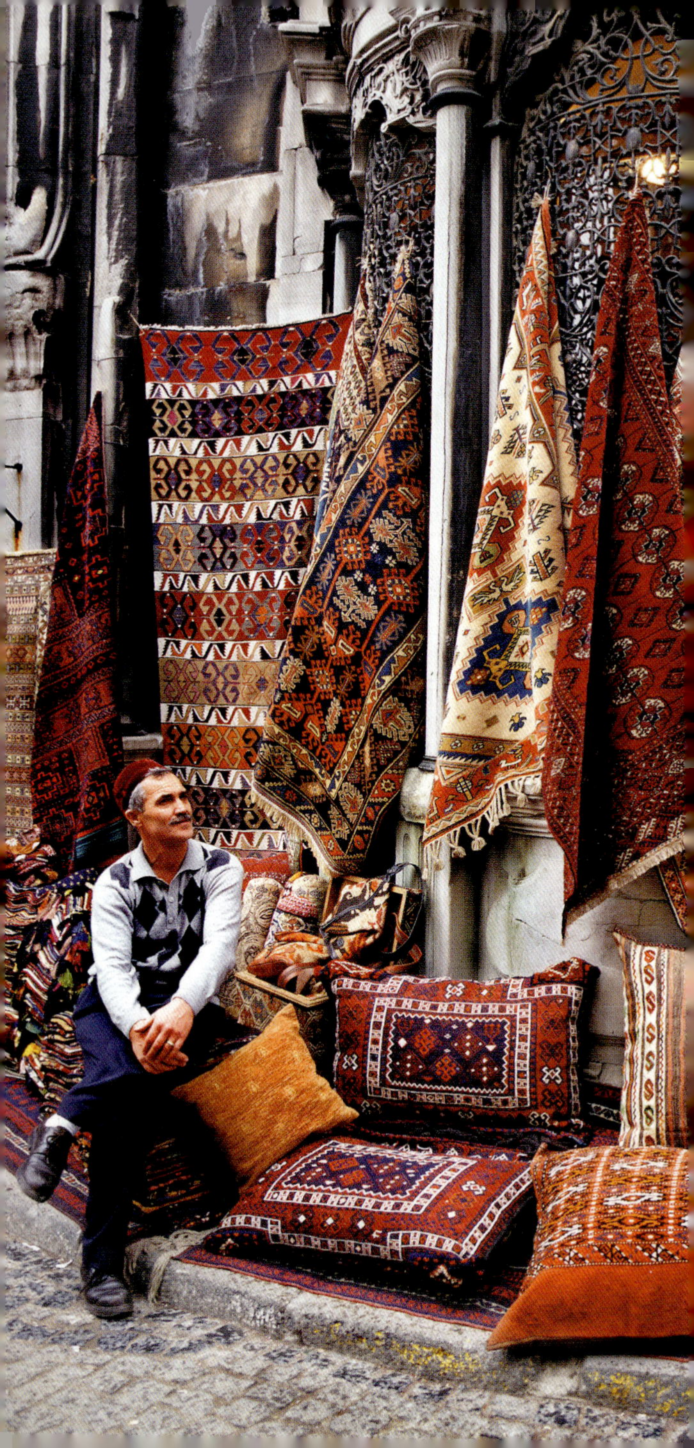

DICAS DE VIAGEM

Planejamento
102

Como Chegar
103

Como Circular
104

Fontes de Informação
105

Informações Práticas
106

Dinheiro
107

Segurança e Saúde
108

Cuidados Especiais
109

Comida e Hospedagem
110

A Evitar
111

Onde Ficar
112-7

TOP 10 ISTAMBUL

Dicas de Viagem

Alfândega; Turistas na frente de uma mesquita; Setembro em Istambul

TOP 10 Planejamento

1 Apoio ao Turista
A Turquia mantém postos de atendimento ao turista em cidades como Londres, Paris, Roma, Madri e Nova York, porém ainda não há escritórios no Brasil. Para informações, consulte www.goturkey.com ou www.brasilturquia.com.br (site do CCBT – Centro Cultural Brasil-Turquia).

2 Embaixadas e Consulados na Turquia
O Consulado do Brasil em Istambul poderá fornecer informações e ajuda, se necessário. Há ainda uma embaixada brasileira na capital turca, Ancara (quadro).

3 Vistos e Passaporte
Para entrar na Turquia é preciso apresentar um passaporte com validade mínima de seis meses. Cidadãos brasileiros não necessitam de visto em viagens de turismo por período inferior a 90 dias. O visto vale por três meses (para múltiplas entradas).

4 Limites do Duty-Free
Visitantes podem entrar na Turquia com até 50 charutos, 600 cigarros, 200g de tabaco, 1 litro de destilados, 2 litros de vinho, 2kg de chá, café e chocolate, 600ml de perfume e dinheiro em espécie ilimitado. Pode-se também comprar três pacotes de cigarros, 250g de tabaco, 1 litro de destilados, 2 litros de vinho e 600ml de perfume em ocasião da chegada à Turquia, no duty-free. Penas para posse de narcóticos são severas.

5 Seguro de Viagem
Recomenda-se enfaticamente fazer seguro médico com cobertura plena, inclusive repatriamento por via aérea. Em caso de apólice europeia, verificar se a cobertura alcança o lado asiático da Turquia.

6 Vacinas
Antes de viajar, confira se todas as vacinas básicas estão em dia. Fale com seu médico a respeito de vacinas para hepatite A e B.

7 Clima
O verão é seco e ensolarado, com tempestades esporádicas. A temperatura pode atingir 40°C, mas o normal para o meio-dia de agosto está em 31-33°C, caindo para 23°C à noite. O inverno costuma ser frio e úmido, raramente com neve. As temperaturas em janeiro ficam em torno de 8°C ao meio-dia, caindo para 2°C de madrugada.

8 Melhor Época
Em maio, junho e setembro o clima é ameno, além de haver menos turistas. Em novembro e fevereiro os preços disparam.

9 O Que Levar
Para o verão, leve roupas leves para o calor do dia e um agasalho para sair à noite, além de chapéu e protetor solar. No inverno, casaco e guarda-chuva. Para visitas a mesquitas use calça comprida ou saia abaixo do joelho, além de cobrir os ombros. As mulheres também devem cobrir a cabeça com um lenço. Não se esqueça do adaptador de tomada.

10 Escolha do Local
Sultanahmet tem hotéis charmosos, bons restaurantes e acesso fácil às atrações. Boêmios preferem Beyoğlu, onde se concentram restaurantes e casas noturnas. Para sossego e tranquilidade, opte pelos subúrbios no Bósforo.

Representações Diplomáticas na Turquia

Embaixada do Brasil na Turquia
Resit Galip Caddesi, Ilkadim Sokak 1, Gaziosmanpasa, P.K. 06700 – Ancara
http://ancara.itamaraty.gov.br/pt-br/

Consulado Geral do Brasil em Istambul
Süzer Plaza, 4º andar, Askerocagi Caddesi 9, Elmadag, P.K. 34367 – Şişli http://istambul.itamaraty.gov.br/pt-br/

Nas páginas anteriores, vendedor de tapetes no Grande Bazar

Trem na Estação Sirkeci; Ônibus intermunicipal vindo de Esenler; Barcos em Karaköy

TOP 10 Como Chegar

1. Voos Internacionais
A companhia aérea nacional, Turkish Airlines, mantém linhas em mais de cem aeroportos do mundo, inclusive o de São Paulo, de onde voa diretamente para Istambul. Outras empresas de porte e operadores de charter a preço baixo também atendem a cidade.
✆ *Turkish Airlines: (0212) 444 08 49 (central de reservas)* • *www.thy.com*

2. Voos Domésticos
A Turkish Airlines compete com operadores domésticos como Onur Air, Atlasjet e Pegasus.

3. Aeroportos
Istambul possui dois aeroportos internacionais, o Atatürk e o Sabiha Gökçen. Muitas companhias grandes pousam no Atatürk, 24km a oeste do centro, no lado europeu. O Sabiha Gökçen, no lado asiático, fica a 50km de Taksim. Algumas companhias aéreas de porte, como JAL e Air France, pousam ali, além da inglesa easyJet, com preços promocionais. Em 2014, iniciou-se a construção de um terceiro aeroporto, que será o maior da Europa.

4. Aeroporto-Centro
O aeroporto internacional Atatürk oferece bom esquema de traslado. Ônibus de hotéis têm preços fixos (táxi em torno de US$30-40). Ônibus Havatas (www.havatas.com) saem de ambos os aeroportos para Taksim. O metrô liga o aeroporto de Atatürk com Sultanahmet e Taksim (via funicular). Do Sabiha Gökçen partem ônibus locais para Kadıköy, onde é possível tomar um barco ou o Marmaray até o lado europeu da cidade. A opção por táxi, de tão cara, pode anular a vantagem obtida com um voo econômico.

5. Trens
Poucos trens ainda fazem o trajeto até Istambul a partir da Europa Ocidental ou de Moscou, e a viagem dura dois ou três dias. Passes da Interrail, Eurodomino e Balkan Flexipass são válidos na Turquia, mas o da Eurail, não. ✆ *Rail Europe: www.raileurope.com*

6. Estações de Trem
Trens internacionais que chegam ou partem da Turquia usam a Estação Sirkeci, em Eminönü; trens da Anatólia param na Estação do Haydarpaşa, do lado asiático. ✆ *Informação: (0212) 527 00 50 (linhas europeias); (0216) 336 20 63 (linhas asiáticas)* • *www.tcdd.gov.tr*

7. Ônibus
Linhas de ônibus de toda a Europa atendem Istambul. Se estiver na Inglaterra, procure a Eurolines. Ônibus intermunicipais turcos são confortáveis e populares, mas os preços das passagens são difíceis de entender.
✆ *Eurolines: (0870) 580 80 80* • *www.eurolines.co.uk*

8. Terminais Rodoviários
O principal terminal rodoviário de Istambul fica em Esenler, cerca de 10km a noroeste do centro. É o ponto de chegada dos ônibus que vêm da Grécia e dos Balcãs. Há vários outros terminais em ambos os lados da cidade.
✆ *(0212) 658 05 05 (Esenler)*

9. Barcos
Há barcos vindos da Itália, da Grécia e de Chipre.

10. Cruzeiros
Istambul não faz parte da rota normal das principais companhias, mas muitas, como P&O, Costa Cruises e MSC Cruises, param seus navios na cidade em vários momentos do ano.
✆ *www.pocruises.com; www.costacruises.com; www.msccruises.com*

Aeroportos

Internacional Atatürk
Yeşilköy (lado europeu)
• *(0212) 444 98 28*
• *www.ataturk airport.com*

Internacional Sabiha Gökçen
Pendik (lado asiático)
• *(0216) 588 88 88*
• *www.sgairport.com*

Dicas de Viagem

Taksi amarelo licenciado; Ferryboat; Bonde moderno, Sultanahmet

Como Circular

1. Táxi
Táxis licenciados (*taksi*) são amarelos e acendem a luz na capota quando livres. Verifique sempre se o taxímetro foi ligado no início da corrida e se indica a bandeira correta (uma luz vermelha no taxímetro de dia, duas à noite). Melhor ainda é combinar o preço ao entrar. Descubra o valor antes, com moradores, e pechinche (p. 111). Se você for cruzar o Bósforo, o valor do pedágio da ponte será acrescentado ao total da corrida.

2. Dolmuş
Os miniônibus (vans) tipo lotação são baratos e seguem percursos fixos, mas só partem quando enchem (*dolmuş* significa "lotado"). Pode-se embarcar e descer durante o percurso. Os pontos exibem uma placa azul com um D em fundo branco. Eles não circulam no centro. Várias linhas de *dolmuş* partem de Taksim.

3. Metrô
Istambul tem um sistema de metrô muito eficiente, com linhas que vão de Taksim a Haciosman, de Atatürk a Atatürk Havalimanı, de Kadıköy a Kartal e de Kazlıçeşme a Ayrılık Çeşmesi.

4. Bonde
A linha, pequena mas muito agradável, vai de Bağcılar ao centro velho, atravessando a Ponte de Gálata, ao longo do Bósforo e do Palácio Dolmabahçe, chegando a Taksim via funicular. Barato, frequente, com ar-condicionado – e não pega trânsito. Opera das 6h à meia-noite, diariamente. O Bonde Nostálgico (p. 82) percorre a İstiklal Caddesi, de Taksim a Tünel, e ao longo da Bahariye Caddesi, entre Kadıköy e Moda.

5. Funicular
O Tünel, que liga Karaköy a Tünel, é um dos metrôs mais antigos do mundo (p. 82). Outro funicular vai da costa do Bósforo (em Kabataş) a Taksim.

6. Passagens
Compre a passagem nos quiosques perto das estações ou pontos. Se for passar alguns dias na cidade, adquira o passe Istanbulkart: vale para qualquer ônibus (exceto os privados), bondes, metrô e barcos. Aproxime seu cartão da leitora do transporte público que estiver utilizando e recarregue-o sempre que necessário. O valor mínimo de depósito no cartão é de 6 TL, e você pode recarregar os cartões nos quiosques, estações ou em máquinas apropriadas. ⓘ *Informação: www.iett.gov.tr*

7. Ferryboat
As docas principais ficam em Eminönü. Mas há outras em Karaköy e Kabataş. A rota mais comum percorre a costa de Mármara até Bakırköy, onde há ônibus expresso para o aeroporto (p. 103). No lado asiático circulam barcos de Eminönü a Kadıköy e Üsküdar, mas o passeio mais bonito é cruzar o Bósforo (pp. 28-9) num *vapur*, barco da Istanbul Seabus Company (İDO). ⓘ *(0212) 444 44 36* • *www.ido.com.tr*

8. Carro
Dirigir no centro é um pesadelo. Se chegou de carro a Istambul, use as marginais que contornam o centro e estacione assim que for possível. Os grandes hotéis oferecem estacionamento, mas não conte com isso na cidade velha. Para passeios além das muralhas da cidade, ao Chifre de Ouro ou ao longo do Bósforo, o melhor é contratar carro com motorista. A maioria dos hotéis providencia o serviço.

9. A pé
Se não caminhar, o visitante perderá muitas atrações da cidade, como ruelas e mercados menores. Melhor usar calçados que possam ser tirados facilmente, no caso de visitas às mesquitas. O trânsito só para nos semáforos.

10. Passeios
De ônibus, carro ou a pé, são muitos os passeios disponíveis. Procure fazer também as excursões a Galípoli, Troia, Edirne e Bursa (pp. 52-3).

> Nos hotéis é possível pedir radiotáxi, mas em geral o pessoal das lojas e restaurantes chama um táxi para o cliente

Livraria Galeri Kayseri; *The Guide*; Centro Turístico, Sultanahmet

TOP 10 Fontes de Informação

Dicas de Viagem

1. Informações Turísticas em Istambul
Há diversos centros de informações para turistas na cidade. Em geral, os atendentes falam inglês.

2. Sites
Há dicas de viagem em www.mfa.gov.tr (Ministério das Relações Exteriores da Turquia); para questões de saúde: www.mdtravelhealth.com; informações de turismo: www.tourismturkey.org (Ministério do Turismo), www.goturkey.com (Centro Turco de Turismo), www.Istambul.com (Centro Oficial de Turismo de Istambul) e www.kultur.gov.tr (Ministério da Cultura e do Turismo). Vale a pena consultar o site americano para turismo na Turquia www.turkeytravelplanner.com e também o www.turkeyfromtheinside.com.

3. Revistas
The Guide (bimestral) e *Time Out* (mensal) publicam dicas de entretenimento e passeios noturnos. *Istambul Forever*, bimestral, é distribuído gratuitamente em hotéis. *Cornucopia* cobre artes, história e cultura geral turca. ◊ www.theguideturkey.com; www.cornucopia.net

4. Jornais
Os mais vendidos são o *Sabah* e o *Hürriyet*. O *Hürriyet Daily News* e o *Today's Zaman*, ambos em inglês, têm seção de entretenimento. Jornais internacionais podem ser encontrados em hotéis e quiosques de áreas turísticas (com um dia de atraso). ◊ www.turkishdailynews.com

5. Livrarias em Línguas Estrangeiras
Muitas lojas têm livros em inglês e outros idiomas. A Galeri Kayseri é a principal livraria britânica. Alguns albergues e hotéis oferecem livros usados para troca. ◊ www.galerikayseri.com

6. Mapas
Retira-se um mapa gratuito da cidade em centros de informação turística e hotéis. Ele costuma bastar. Para detalhes adicionais há o Freytag & Berndt Istambul City Map (escala 1:10.000).

7. Guias Particulares
Agentes de viagem e operadores turísticos conseguem guias em meia dúzia de idiomas. O guia precisa ser cadastrado no Ministério do Turismo.

8. Excursões Guiadas
Há passeios de ônibus, barco, a pé ou mistos, por meio dia ou dia inteiro. A Plan Tours e a Big Bus operam ônibus de dois andares que fazem tour pela cidade, boa opção para ter uma ideia geral do lugar. Pode-se contratar uma excursão noturna também, com dança do ventre, e viagens a eventos culturais.

9. Alertas do Governo
O Foreign Office britânico e o Departamento de Estado dos EUA têm sites com informações atualizadas sobre riscos de viagem. ◊ www.fco.gov.uk (RU); www.travel.state.gov (EUA)

10. Como Circular
Andar por Istambul nem sempre é fácil. Ao sair, é melhor garantir informações detalhadas e levar o mapa. Anote o destino e mostre ao motorista ou a um transeunte, para evitar confusões devido ao sotaque. Peça e dê orientação começando pelo bairro, seguido de ponto de referência famoso e rua. Quando estiver na vizinhança, informe-se de novo, por via das dúvidas.

Informação Turística

Sultanahmet
Divanyolu • (0212) 518 18 02/87 54

Sirkeci
Estação de trem
• (0212) 511 58 88

Excursões Guiadas

Plan Tours, Elmadağ
Cumhuriyet Caddesi 83/1
• (0212) 234 77 77
• www.plantours.com

Viking Turizm, Taksim
Mete Caddesi 18
• (0212) 334 26 00
• www.vikingturizm.com.tr

Telefones Públicos; Logotipo da PTT; Mesquita Azul iluminada para celebrar o Ramazan

TOP 10 Informações Práticas

1. Hora
O fuso horário turco é GMT+3h (+6 horas em relação ao Brasil) no verão (mar-out) e GMT+2h (+5 horas em relação ao Brasil) no resto do ano.

2. Eletricidade
A corrente é 220V, e os plugues têm dois pinos redondos (convém levar um adaptador universal em sua bagagem). É preciso usar transformador, no caso de aparelhos 110V.

3. Horários de Funcionamento
Os bancos nas principais áreas turísticas abrem das 8h30 às 17h, seg-sex; algumas agências maiores também abrem na manhã de sábado. Todos possuem caixas eletrônicos 24h. Lojas funcionam das 10h às 18h, seg-sáb, mas muitas lojas turísticas, shoppings e magazines ficam abertos até mais tarde. Os museus em geral abrem das 9h às 17h (fecham seg ou ter).

4. Feriados Nacionais
Além dos cinco feriados nacionais há dois festivais religiosos principais: Şeker Bayramı, após o mês sagrado de Ramazan (Ramadã, em outros países), e Kurban Bayramı (p. 41). No Ramazan a água e os alimentos não devem ser ingeridos durante o dia. A vida não para, mas é alterada. Ocorrem espetaculares festas noturnas. A data do Ramazan, do Şeker Bayramı e do Kurban Bayramı muda todos os anos. O Natal, embora não seja uma festa muçulmana, é comemorado por muitos turcos.

5. Correios
Agências e caixas de correio ostentam o logotipo amarelo e azul do PTT. Selos só podem ser adquiridos nas agências e quiosques da empresa. O correio é lento – se quiser despachar compras para casa, use um serviço de courier. Os principais operadores mantêm unidades em Istambul.

6. Internet
Hotéis turísticos de qualquer padrão costumam manter um computador com livre acesso à internet no saguão. A maioria dos hotéis e cafés oferece Wi-Fi.

7. Telefone
Consulte sua operadora de celular no Brasil para saber das condições de funcionamento na Turquia. (O sistema turco de telefonia móvel é compatível com telefones britânicos, mas aparelhos dos EUA não costumam funcionar.) Para economizar, compre um chip pré-pago local, ou um internacional, como o sim4travel. Os poucos telefones públicos que ainda existem aceitam cartões de crédito ou cartões comprados no correio. Telefonar do hotel custa caro.
⌕ www.sim4travel.co.uk

8. Códigos de Área
O código internacional para a Turquia é 90. Istambul possui dois códigos de área: 0212 para o lado europeu e 0216 para o asiático.

9. Idioma
Em áreas turísticas sempre aparece alguém que fala inglês. O idioma turco usa o alfabeto ocidental, com diferenças de pronúncia. O C é pronunciado como o "j", o ç como "tch", o ş é "ch". O I é "i" com pingo, e "uh" sem pingo. O ğ é mudo, mas serve para destacar a vogal precedente. Portanto, *Cağaloğlu* se pronuncia como jah-lou-lu.

10. Fotografia
Fotos são permitidas nos principais monumentos e museus, mas não se pode usar flash, e alguns lugares proíbem tripés. Muitas vezes é cobrada uma taxa de fotografia, além do preço do ingresso.

Feriados

1º de janeiro
Ano-Novo

23 de abril
Soberania Nacional e Dia das Crianças

19 de maio
Juventude e Esportes

30 de agosto
Dia da Vitória

29 de outubro
Dia da República

Poucas tomadas nos quartos exigem uso de benjamim para carregar laptop, telefone e máquina fotográfica

Nota de 50 liras turcas; Caixa eletrônico; Dar gorjetas é costume nos restaurantes

TOP 10 Dinheiro

Dicas de Viagem

1. Moeda
A lira turca vem em notas de 5, 10, 20, 50, 100 e 200 TL, além de moedas de 1 TL. Uma TL se divide em 100 *kuru ş*, disponíveis em moedas de 5, 10, 25 e 50 *kuru ş*. Pode-se entrar com moeda estrangeira no país, sem limites, e até US$5.000 em liras turcas, mas é melhor deixar para trocar dinheiro na Turquia, pois o câmbio é melhor.

2. Trocados
Tenha sempre à mão notas e moedas em valores pequenos – elas são escassas no comércio, e muitos lojistas presumem que o turista não precisa de troco. Alguns taxistas inescrupulosos completam o esquema aplicando pequenos golpes (p. 111).

3. Moeda Estrangeira
Muitas lojas aceitam liras, dólares, euros ou libras. O troco vem sempre em liras.

4. Bancos e Caixas Automáticos
Não faltam bancos em Istambul, mas o câmbio pode ser bastante lento. Muitos caixas eletrônicos 24h aceitam cartões Maestro e Cirrus com senha, além de permitirem saques com cartão de crédito. Costumam ter opção de acesso em vários idiomas, e alguns deles oferecem outras moedas além da lira turca.

5. Casas de Câmbio
Para trocar dinheiro, o melhor é se dirigir a uma casa de câmbio *(döviz)*. Esses quiosques se localizam nos pontos turísticos, são rápidos e em geral pagam taxa melhor que a dos bancos. Raramente aceitam cheques de viagem.

6. Cartões de Crédito
O comércio voltado ao turismo aceita cartões de crédito Visa e Master-Card. American Express é menos frequente, por conta das altas comissões, e o lojista pode pedir um extra para cobrir o valor.

7. Cheques de Viagem
Cheques de viagem podem ser trocados no setor de câmbio dos bancos, nas agências de correio e nos escritórios da American Express e da Thomas Cook. Poucas lojas e hotéis os aceitam.

8. Pechinchar
A Turquia é barata para os visitantes. Uma das poucas exceções é o combustível, extremamente caro. Faz parte da vida cotidiana barganhar – e a prática se torna indispensável em lugares como o Grande Bazar e diversos pontos comerciais na cidade velha. Não tenha pressa, e nunca se deixe pressionar. Quando chegar o momento, ofereça metade do preço e inicie a negociação, mas não espere reduções em corridas de táxi e não pechinche em lojas de grife.

9. Reembolso de Taxas
O imposto sobre mercadorias (KDV, em turco) está incluído no preço. Os valores variam, o mais comum é 18%. Os preços podem subir quando se pede nota – o vendedor que dá nota terá de pagar o imposto. Para recuperar as taxas na saída, procure lojas que exibam o aviso da Global Refund, pegue a nota e peça reembolso em dinheiro quando estiver no aeroporto. Talvez seja preciso mostrar as compras.

10. Gorjetas
Em restaurantes pode haver taxa de serviço *(servis dahil)*. Se não constar, o mais usual é deixar pelo menos 10%. Não existem valores fixos para pessoal de hotel, sendo aceitável 5 TL para carregadores e para limpeza do quarto (por dia). Atendentes de banhos turcos esperam gorjeta acima de 10% do preço do serviço. Não é preciso dar gorjeta aos motoristas de táxi.

Todos os hotéis de Istambul cobram em euros ou dólares e fazem a conversão para liras turcas no último dia de sua estada

Água mineral; Placa de farmácia; Viatura policial

10 Segurança e Saúde

Dicas de Viagem

1 Higiene da Água e da Comida
Embora a água de torneira seja segura, é melhor beber água engarrafada. O padrão de higiene da maioria dos cafés e restaurantes é adequado.

2 Problemas Gastrointestinais
Pessoas vulneráveis a distúrbios gastrointestinais devem evitar saladas, frutos do mar em bancas de rua e sorvete a granel. Em caso de desarranjo, devem procurar uma farmácia ou atendimento médico.

3 Assistência Médica
Na farmácia *(eczane)* se pode conseguir tratamento para doenças simples, e muitos remédios são vendidos no balcão, sem receita. Em todos os bairros uma farmácia fica de plantão. A lista *(nöbetçi)* consta na porta de todos os estabelecimentos. Todos os hotéis chamam médicos em caso de necessidade. Boas clínicas públicas gratuitas tratam de problemas menores.

4 Hospitais
Istambul possui hospitais públicos e privados, que costumam oferecer um padrão melhor de atendimento e limpeza.

5 Documento de Identidade
É ilegal sair na rua sem documento com foto. Se tiver apenas passaporte e não quiser correr o risco de portá-lo, tire cópia das páginas principais.

6 Crime
A taxa de criminalidade é baixa, em comparação com a maioria das grandes cidades. Basta tomar as precauções normais. Em caso de intimidação, levante a voz e peça ajuda a algum transeunte *(p. 111)*.

7 Terrorismo
A Turquia sofreu ataques dos nacionalistas curdos do PKK e da al--Qaeda. As bombas do PKK atingiram subúrbios e cidades praianas. As da al-Qaeda visavam alvos no centro, como sinagogas, consulado britânico e banco HSBC de Istambul.

8 Telefones de Emergência
Atendentes não falam inglês. Peça a um turco para ligar, se precisar de ajuda, ou contate a Polícia Turística.

9 Polícia
A polícia turca vem tentando com afinco melhorar sua imagem, e os policiais costumam ser solícitos e educados com quem obedece a lei. Em áreas turísticas informe furtos, perdas e problemas diversos no posto da Polícia Turística. ⊛ *Tourism Police, Yerebatan Caddesi 6, Sultanahmet* • *(0212) 527 45 03* • *Funciona 24h diariam (tradutores presentes 8h30-17h seg-sex)* • *www.iem.gov.tr*

10 Consulados
As embaixadas ficam na capital, Ancara, e a maioria dos países, como o Brasil, mantém consulados em Istambul *(p. 102)*. O pessoal ajuda em caso de perda de documentos, providencia repatriação ou indica advogados.

Números de Emergência

Polícia
155

Ambulância e Emergências Gerais
112

Bombeiros
110

Hospitais

Amerikan Hastanesi
Güzelbahçe Sokak 20, Nişantaşı Mapa C4
• *(0212) 444 37 77*

Universal German Taksim Hospitale (Alman Hastanesi)
Sıraselviler Cad 119, Taksim
• *(0212) 293 21 50*

International Hospital
İstanbul Caddesi 82, Yeşilköy • *(0212) 663 3000 ou (0212) 468 44 44*

Acıbadem Hastanesi
Tekin Sokak 8, Kadıköy, (lado asiático) • *(0216) 544 44 44*

A Turquia não tem tratados médicos com outros países. É preciso pagar pelo tratamento e pedir reembolso à seguradora.

Mulheres turcas de véu; Placa de "proibido fumar"

TOP 10 Cuidados Especiais

Dicas de Viagem

1. Crianças
Elas são bem-vindas em quase todos os lugares. Crianças loiras, porém, devem cobrir a cabeça para evitar olhares intensos. Alguns hotéis oferecem atividades infantis, e a maioria tem serviço de babá, sob pedidos.

2. Bebês
Leve tudo. Diversos artigos são vendidos em Istambul, de fraldas a potinhos, mas nem sempre se pode encontrá-los em áreas turísticas, pois os supermercados ficam nos bairros.

3. Mulheres
Algumas turcas usam saia e camiseta curta, mas muitas retomaram o véu. Outras (em geral, turistas árabes) vestem burca. Recomenda-se precaução, uma vez que alguns turcos veem ocidentais como livres e fáceis. Uma negativa educada e firme costuma bastar. Cubra os ombros e os joelhos, ande com firmeza e evite ruas desertas à noite, se estiver sozinha.

4. Gays
O homossexualismo não é ilegal na Turquia, mas encontra oposição islâmica. A cena gay de Istambul continua animada; moradores homossexuais, porém, nem sempre tornam pública sua opção, e a homofobia é significativa. Evite demonstrações públicas e escolha bem aonde ir à noite; alguns bares são duvidosos. Não faltam locais seguros em Beyoğlu, e muitos sites ajudam os visitantes, como o www.trgi.info.

5. Viajantes com Necessidades Especiais
No geral é difícil circular pela cidade em cadeira de rodas. Edifícios antigos e históricos são parcial ou totalmente inacessíveis. Muitas mesquitas não permitem acesso em cadeiras de rodas. Mas o relevo de Istambul em si é o maior problema, com sete morros, ladeiras íngremes, calçadas e ruas de pedra. O Centro Turístico da Turquia, em Londres, publica um guia com indicações para viajantes portadores de deficiência física.

6. Idosos
Serviços e assistência são garantidamente corteses. Os turcos reverenciam pessoas idosas. Em monumentos e museus, procure os descontos para quem tem mais de 65 anos.

7. Jovens e Estudantes
Istambul dispõe de vários albergues de gerência privada, principalmente em Sultanahmet e na área de Taksim. Há também vários anfitriões de *couchsurfing* (que hospedam visitantes em seus sofás) na cidade. Portadores da Carteira Internacional de Estudante (ISIC) conseguem pagar meia-entrada em museus e monumentos. Outro documento estudantil que pode render algumas vantagens é a carteira da WYSE – World Youth Student and Educational Travel Confederation (antiga FIYTO).
• www.couchsurfing.com
• www.aboutwysetc.org
• www.isic.org • www.carteiradoestudante.com.br (site oficial da ISIC no Brasil)

8. Religião
Os turcos são muçulmanos (99%), mas o grau de observância varia. Há fundamentalistas, mas a maioria acredita num estado secular e demonstra tolerância com outros credos.

9. Tabaco
Os turcos apreciam bastante o aromático tabaco negro. Contudo, é proibido fumar em todas as áreas públicas fechadas, inclusive táxis, barcos, trens e shopping centers. A proibição vale ainda para cafés, bares e restaurantes.

10. Regras para Exportação
Qualquer objeto com mais de cem anos precisa de certificado para ser exportado. Os museus costumam emitir o documento, em nome do Ministério da Cultura. Um negociante sério cuida da papelada do cliente. Quem tenta sair clandestinamente com antiguidades arrisca-se a pesadas multas e mesmo a ir preso.

Não faltam espaços em Istambul para as crianças brincarem, correrem e gastarem energia

Saray muhallebici; Típico menu de *lokanta*; Um café com narguilés

Comida e Hospedagem

1. Tipos de Restaurante
Lokantas servem para o cotidiano. Podem ser restaurantes simples, tipo self-service, ou casas de grelhados com menu completo. Têm preços acessíveis, e poucas servem bebidas alcoólicas. Um café popular também é chamado de *bufé*. Um *restoran* costuma ser requintado; se a palavra *balik* constar no nome, a casa é especializada em frutos do mar.

2. Fast-Food
Kebapcı serve kebabs e *lahmacun*, panqueca fina com cobertura condimentada; *dönerci* oferece döner kebabs e outras carnes grelhadas. O *pideci* é o equivalente turco da pizzaria.

3. Meyhanes, Narguilés e Outros Cafés
Para beber e ouvir música ao vivo enquanto come, vá a um *meyhane*. Se preferir mergulhar na fumaça, siga para um café *narguilé*, onde se toma chá doce entre baforadas no cachimbo de água. Uma *kahvehane* (casa de chá) simples recebe apenas homens, que conversam e jogam gamão. Alguns cafés e restaurantes possuem salas separadas para mulheres e famílias *(aile salonu)* nos fundos. Melhor evitar bares sombrios do centro de Istambul – se quiser um drinque, vá a um hotel turístico.

4. Comida Vegetariana
Poucos restaurantes oferecem cardápios específicos para vegetarianos, e os pratos principais vegetarianos *(veciteryan)* são raros. Mas os garçons são solícitos, e a maioria dos restaurantes serve uma seleção de meze vegetais deliciosos, que substituem a refeição.

5. Muhallebicis e Pastanes
Uma *muhallebici* vende pudins de leite; *pastanes* são confeitarias especializadas em doces como baklava para viagem.

6. Escolha do Cardápio
Restaurantes centrais apresentam menus em diversos idiomas. Mas pedir um prato fora das áreas turísticas é mais difícil, melhor apontar os itens desejados. Se o garçom trouxer uma travessa de meze, mostre os tipos preferidos. Para solicitar o prato principal, use um livro de frases (pp. 126-7) ou peça ajuda na recepção do hotel para elaborar uma lista de pratos adequados a seu gosto.

7. Escolha do Hotel
O padrão dos hotéis em Istambul é bom, em linhas gerais. O sistema de classificação por estrelas, governamental, se baseia nos equipamentos, e não no ambiente ou na eficiência. Não confie só nas estrelas. Muitos serviços de reserva on-line oferecem descontos. O site www.tripadvisor.com divulga resenhas honestas de viajantes.

8. Pousadas e B&Bs
A distinção entre pousada, pensão e hotel pequeno é difícil na Turquia. Estrangeiros administram as pousadas familiares, com raras exceções. Não existem opções como B&B tipo inglês, ou *chambre d'hôte* francês, com hospedagem e refeições em casa de família. Apartamentos para alugar são muito comuns, especialmente em Beyoğlu.

9. Fora de Temporada
Istambul abre o ano inteiro, e os preços caem dramaticamente na baixa temporada (nov-início mar, menos Natal), com diárias por metade do valor, ou menos. Até nas lojas os preços caem.

10. Hotéis de Licença Especial
Certos hotéis charmosos, classificados como "especiais" e chamados de hotéis-butique, ocupam prédios restaurados. Costumam ser pequenos e aconchegantes. Em alguns, porém, os quartos são minúsculos, falta elevador e não há banheira, só ducha. O serviço excelente inclui equipe fluente em inglês.

Vegetarianos devem ter em mente que pratos "vegetarianos" podem conter carne – pergunte sempre se são "etsiz" (sem carne)

Perfumes falsos de grife; Busto de Atatürk; Vestindo roupas adequadas para entrar em mesquita

TOP 10 A Evitar

1. Drogas
A Turquia servia de entreposto a traficantes do Afeganistão e do Irã. Drogas ilícitas, embora não façam parte da cultura local, são vendidas nas ruas. As penas para posse e tráfico, porém, são extremamente severas. Nunca aceite levar encomendas para seu país de origem, seja a pedido de turcos, seja de companheiros de viagem.

2. Falsificações
A indústria de contrafações oferece tapetes, moedas romanas, relógios Rolex e bolsas Gucci. Quem gosta de imitações pode se divertir. Mas a compra de peças caras deve ser feita em lojas confiáveis, que podem garantir a origem dos produtos.

3. Motoristas de Táxi Inescrupulosos
Em sua maioria os motoristas de táxi são honestos, mas alguns vigaristas da cidade velha cobram o triplo da tarifa e tentam ludibriar o passageiro, dizendo por exemplo que a nota de 50 TL era de 5 TL. Inspecione a cédula e diga seu valor em voz alta ao entregá-la. Leve sempre trocado, pois os motoristas raramente têm troco.

4. Prostitutas
As casas noturnas turcas são ardilosas. Vivem cheias de mulheres dos países da ex-União Soviética (conhecidas localmente como "natashas"). As profissionais tentam extorquir os clientes, pedindo bebidas a preços absurdos (a conta de uma noite pode chegar a US$1.000).

5. Casamento
Os turcos adoram um romance ardente que começa num piscar de olhos. Aproveite, mas não se iluda. Muitas mulheres entram na conversa deles para descobrir depois que o interesse real era um passaporte dos EUA ou da União Europeia. Se encontrar seu verdadeiro amor, vá em frente com calma, na certeza.

6. Terremotos
Istambul fica no cinturão dos terremotos e balança regularmente; o último terremoto de grande proporção ocorreu em 1999, quando 23 mil pessoas perderam tragicamente a vida na Grande Istambul. Contudo, tremores intensos são raros e espaçados. Caso um deles ocorra, mantenha a calma, procure abrigo seguro e água potável. Entre em contato com o consulado.

7. Batedores de Carteira
Batedores de carteira e trombadinhas operam nas ruas em volta do Grande Bazar. Tome as precauções normais para uma cidade movimentada. Use bolsa voltada para a frente, com alça cruzada e zíper, guarde a carteira no bolso da frente da calça e não vacile.

8. Críticas à Turquia
Os turcos se orgulham de seu país e não gostam de críticas. Falar mal da Turquia é uma gafe terrível. Chega a ser ilegal desrespeitar Atatürk, o governo, a bandeira e as forças de segurança.

9. Ofensas à Sensibilidade dos Muçulmanos
No conjunto das sociedades islâmicas a Turquia é progressista. Embora não seja preciso se cobrir de preto da cabeça aos pés, deve-se respeitar a cultura e as crenças locais (p. 39). Evite demonstrações públicas de afeição e, acima de tudo, não faça graça com o islã.

10. Banheiros Públicos Tradicionais
O número de banheiros públicos modernos (*bay* para os homens, *bayan* para as mulheres) aumentou imensamente nos últimos anos, mas ainda restam latrinas tradicionais. Em geral, se cobra uma taxa de 1 TL em banheiros públicos. Leve papel higiênico, nem sempre disponível nos locais.

> Cuidado com ofertas de bebidas de estranhos. Muita gente toma cerveja ou refrigerante com drogas e acaba sendo roubada.

Dicas de Viagem

Çırağan Palace Kempinski; Four Seasons; Conrad Istanbul

Hotéis de Luxo

1. Çırağan Palace Kempinski, Beşiktaş

Em terreno banhado pelas águas do estreito do Bósforo, esse palácio otomano possui spa, academia e dois ótimos restaurantes. A maior parte dos 313 quartos fica na ala moderna, mas vale a pena escolher uma das onze suítes do palácio original. ✆ *Çırağan Cad 32* • *Mapa C4* • *(0212) 326 46 46* • *www.kempinski.com/istanbul* • *$$$$$*

2. Four Seasons Hotel, Sultanahmet

A opulência assumida do Four Seasons contradiz o passado do prédio, onde funcionava uma antiga prisão otomana. Os 65 quartos exibem móveis antigos e kilims. Os hóspedes contam com academia, restaurante com teto de vidro magnífico e vista privilegiada do mar de Mármara. ✆ *Tevkifhane Sok 1* • *Mapa R5* • *(0212) 402 30 00* • *www.fourseasons.com* • *$$$$$*

3. Eresin Crown, Sultanahmet

No local de um grande palácio bizantino, o luxuoso hotel tem até museu. Todos os 60 apartamentos possuem assoalho de madeira e hidromassagem. O hotel dispõe ainda de dois restaurantes, bar e terraço com linda vista do mar. ✆ *Küçük Ayasofya Cad 40* • *Mapa R4* • *(0212) 638 44 28* • *www.eresincrown.com.tr* • *$$$$$*

4. Ceylan Intercontinental, Taksim

Localizado no alto de uma colina, o Ceylan oferece panorama espetacular numa cidade onde a vista é sempre boa. Conta com 382 apartamentos, bar, restaurantes, terraço, academia e escritório virtual 24h. Ponto de encontro da elite de Istambul para o chá com música ao vivo no jardim de inverno ou no salão de chá. ✆ *Asker Ocağı Cad 1* • *Mapa B5* • *(0212) 368 44 44* • *www.istanbul.intercontinental.com.tr* • *$$$$$*

5. Hyatt Regency, Taksim

Hotel tipo resort com 360 apartamentos, o Hyatt tem academia, piscina, quadras de tênis e escritório virtual, completando a decoração elegante e a vista magnífica. ✆ *Taşkışla Cad* • *Mapa B5* • *(0212) 368 12 34* • *www.hyatt.com* • *$$$$$*

6. Conrad Istanbul, Beşiktaş

Em forma de S, o imenso hotel oferece 590 apartamentos. Não faltam equipamentos nem decoração requintada. Bares e restaurantes servem comida italiana e turca. ✆ *Saray Cad 5* • *Mapa C5* • *0212 310 25 25* • *www.conradistanbul.com* • *$$$$$*

7. Marmara Pera Tepebaşı

No centro de Beyoğlu, com café-restaurante emblemático na cobertura chique com piscina, esse hotel possui portas-balcão em todos os quartos. ✆ *Meşrutiyet Caddesi* • *Mapa J5* • *(0212) 251 46 46* • *www.themarmarahotels.com* • *$$$$$*

8. Bosphorus Palace, Beylerbeyi (lado asiático)

Esbanjando ouro e cristais nas margens do Bósforo, ocupa a mansão restaurada *(yali)* de um grão-vizir do século XIX. Tem apenas catorze quartos, que garantem charme e intimidade. Perfeito para um jantar romântico. O barco particular busca e leva os clientes ao centro da cidade. ✆ *Yalıboyu Cad 64* • *Mapa U4* • *(0216) 422 00 03* • *www.bosphoruspalace.com* • *$$$$$*

9. Ritz-Carlton, Şişli

"Ritz" é sinônimo de luxo, e os 244 quartos desse hotel não decepcionam. Há spa para as mulheres e bar de charutos para os homens. ✆ *Süzer Plaza, Elmadağ* • *Mapa U4* • *(0212) 334 44 44* • *www.ritzcarlton.com* • *$$$$$*

10. Park Hyatt, Teşvikiye

Localizado em um agitado bairro de compras, esse hotel-butique estiloso abriga 90 quartos e suítes espaçosos. Há também spa e academia. ✆ *Bronz Sok 4, Teşvikiye* • *Mapa B5* • *(0212) 315 12 34* • *www.istanbul.park.hyatt.com* • *$$$$$*

Exceto quando há indicação do contrário, os hotéis aceitam cartões de crédito e têm quartos com banheiro, ar-condicionado e acesso à internet

Radisson Blu Bosphorus, Ortaköy

Categorias de Preço
Para quarto padrão de casal, por noite, com café da manhã (se incluído), impostos e taxas adicionais.
$ até $45
$$ US$45-80
$$$ US$80-180
$$$$ US$180-300
$$$$$ mais de US$300

Hotéis de Alto Nível

Dicas de Viagem

1. Germir Palas
A entrada discreta dessa joia localizada no centro de Beyoğlu pode passar despercebida. O hotel tem saguão e bares luxuosos e quartos bem decorados, com tecidos interessantes. O restaurante no terraço oferece bela vista do Bósforo, principalmente no verão. Ao nível da rua, o Vanilla Café se destaca pelo estilo. ✆ *Cumhuriyet Cad 7, Taksim • Mapa Y2 • (0212) 361 11 10 • www.germir palas.com • $$$$*

2. Taxim Suites, Taksim
Esse estabelecimento oferece vinte suítes com serviços – apartamentos de um dormitório que atendem quem precisa de mais espaço e quer pagar um preço menor do que o cobrado por uma suíte num hotel cinco-estrelas. Fica perto da praça Taksim, em cujas imediações há inúmeras opções para comer bem. ✆ *Cumhuriyet Cad 31 • Mapa B5 • (0212) 254 77 77 • www.taxim suites.com • $$$$*

3. Mövenpick Hotel Istanbul, Levent
Hotel situado em posição elevada, com 249 quartos e suítes, bela vista, serviço cordial, bar e academia. O destaque, porém, fica com o café do saguão, que serve chocolates, bolos e sorvete Mövenpick. ✆ *Büyükdere Cad 4, Levent • Mapa U3 • (0212) 319 29 29 • www. movenpickhotels.com • $$$$*

4. Radisson Blu Bosphorus Hotel, Ortaköy
A localização valoriza o hotel, num vilarejo tranquilo de Ortaköy, ao lado do Bósforo. O restaurante do pátio tem vista para o canal, e os 120 quartos ostentam decoração moderna. Na hora do rush o táxi pode demorar muito para chegar ao centro. ✆ *Çirağan Cad 46 • Mapa U4 • (0212) 310 15 00 • www. radissonsas.com • $$$$*

5. Renaissance Polat Istanbul Hotel, Yeşilyurt
Perto do aeroporto e do World Trade Center, esse hotel de 416 quartos oferece piscina e academia, bons restaurantes, bares e cafés, além de escritório virtual. ✆ *Sahilyolu Cad 2 • (0212) 414 18 00 • www.polat renaissance. com • $$$$$*

6. The Marmara Istanbul, Taksim
Grande e moderno, na praça Taksim, tem 376 quartos confortáveis, de onde há vista da cidade. Academia, piscina, bar e restaurantes de alta classe. ✆ *Taksim Meydanı • Mapa L4 • (0212) 334 83 00 • www.taksim.themar marahotels.com • $$$$$*

7. Best Western Eresin Taxim Hotel, Taksim
Nesse quatro-estrelas se pode pedir até travesseiros antialérgicos. Os 70 quartos e suítes incluem alguns apartamentos triplos. O bar do saguão tem pianista ao vivo, à noite. ✆ *Topçu Cad 16 • Mapa B5 • 0212 256 08 03 • www.eresintaxim. com.tr • $$$*

8. Swissôtel The Bosphorus, Maçka
No alto da colina, com fabulosa vista do Bósforo, é um gigante de 585 quartos, academia, lojas, restaurantes e bares na cobertura. ✆ *Bayıldım Cad 2 • Mapa C5 • (0212) 326 11 00 • www.istanbul. swissotel.com • $$$$$*

9. Ataköy Marina Hotel
Situado na costa do mar de Mármara, no distrito de Bakirköy, esse hotel fica a apenas 8km do Aeroporto Atatürk. Tem quadras de tênis, piscina e sala de reuniões. Há ônibus expresso para Sultanahmet, a 10km. ✆ *Sahilyolu • (0212) 560 41 10 • www.atakoymarina hotel.com.tr • $$$$$*

10. Hilton Hotel, Harbiye
Convenientemente localizado em Taksim, perto das áreas empresariais, esse hotel possui 498 quartos, academia, quadras de tênis, duas piscinas, hamam, sala de reuniões e muito mais. ✆ *Cumhuriyet Cad • Mapa B5 • (0212) 315 60 00 • www.hilton.com • $$$$$*

➡ *As indicações de preços deste guia estão em dólares norte-americanos, ao câmbio de 1 TL = US$0,47*

Hotel Empress Zöe; Blue House Hotel; Yeşil Ev

TOP 10 Hotéis Típicos em Sultanahmet

1 Yeşil Ev
Os dezenove quartos dessa mansão restaurada variam em tamanho, mas todos foram decorados com antiguidades, e a maioria dá para o jardim. ✆ *Kabasakal Cad 5 • Mapa R5 • (0212) 517 67 86 • www.yesilev.com.tr • $$$$*

2 Ayasofya Konakları
Pioneiro entre os "hotéis especiais" de Sultanahmet, ocupa nove casas restauradas e tem 64 quartos. O café e o restaurante são bom local para descansar entre o Palácio Topkapı e o Museu Arqueológico. ✆ *Soğukçeşme Sok • Mapa R4 • (0212) 513 36 60 • www.ayasofyakonaklari.com • $$$*

3 Hotel Dersaadet
Seu nome significa "local de felicidade e beleza", perfeito para a mansão otomana no sopé da colina situada atrás da praça Sultanahmet (Hipódromo). Vista magnífica da cidade velha e do mar, nos dezessete quartos. ✆ *Küçük Ayasofya Cad, Kapıağası Sok 5 • Mapa Q6 • (0212) 458 07 60/1 • www.hoteldersaadet.com • $$$*

4 Hotel Empress Zöe
Formado por casas antigas em torno de um jardim luxuriante e ruínas de um banho turco do século XV. Os 25 quartos foram decorados em estilo turco. Serviço informal de bar à noite. ✆ *Akbıyık Cad 10, Sultanahmet • Mapa R5 • (0212) 518 43 60/25 04 • www.emzoe.com • $$$*

5 Blue House Hotel
Esse hotel de rede fica numa rua tranquila atrás do Bazar de Arasta, e a calma só é quebrada pelo chamado do *muezim* e pela música dos dervixes rodopiantes, do outro lado da rua. Os 26 quartos oferecem vista excelente: parece que dá para tocar na Mesquita Azul (Sultan Ahmet Camii), de tão próxima. ✆ *Dalbastı Sok 14 • Mapa R5 • (0212) 638 90 10 • www.bluehouse.com.tr • $$$$*

6 Best Western Acropol Hotel
Os 28 quartos dessa vivenda otomana restaurada têm piso de madeira e teto pintado. Todos contam com internet e janelas à prova de som. O restaurante oferece bela vista, no quinto andar. Traslado para o aeroporto incluído na diária. ✆ *Akbıyık Cad 21 • Mapa R5 • (0212) 638 90 21 • www.book.bestwestern.com • $$$*

7 Hotel Kybele
Simpática, familiar, aconchegante, a pouca distância de Divanyolu, essa caverna de Aladim é um tesouro da história turca, com centenas de lamparinas e outras antiguidades otomanas nas áreas comuns. Dezesseis quartos e jardim. ✆ *Yerebatan Cad 35 • Mapa R4 • (0212) 511 77 66/7 • www.kybelehotel.com • $$$*

8 Arena Hotel
Numa ruela atrás da praça Sultanahmet, serviu de moradia ao dono, e a decoração inclui muitas lembranças. Os 27 quartos (quatro suítes) são espaçosos, em sua maioria, com vista para o mar. Têm banheiras, raras nos hotéis típicos. ✆ *Küçükayasofya Mah, Şehit Mehmet Paşa Yokuşu, Üçler Hamam Sok 13-15 • Mapa P6 • (0212) 458 03 64 • www.arenahotel.com • $$$*

9 Hotel Sarı Konak
Os donos se orgulham do que chamam de "segundo lar" para os hóspedes. Café com vista 360°, café da manhã servido em pátio bizantino. Desconto de 10% para pagamento em dinheiro. ✆ *Mimar Mehmet Ağa Cad 26 • Mapa R5 • (0212) 638 62 58 • www.istanbulhotelsarikonak.com • $$$*

10 Sarnıç Hotel
Atrás da Mesquita Azul, tem 21 quartos e adorável restaurante de cobertura. Os hóspedes podem visitar a interessante cisterna (*sarnıç*) bizantina do século V, sob o hotel. ✆ *Küçük Ayasofya Cad 26 • Mapa Q6 • (0212) 518 23 23 • www.sarnichotel.com • $$*

Exceto quando há indicação do contrário, os hotéis aceitam cartões de crédito e têm quartos com banheiro, ar-condicionado e acesso à internet

Hotel Kariye, Edirnekapı

Categorias de Preço

Para quarto padrão de casal, por noite, com café da manhã (se incluído), impostos e taxas adicionais.	**$** até $45 **$$** US$45-80 **$$$** US$80-180 **$$$$** US$180-300 **$$$$$** mais de US$300

TOP 10 Hotéis Típicos em Outros Locais

1. Anemon Galata, Beyoğlu
Em mansão art nouveau restaurada, esse hotel de 27 quartos fica a pouca distância a pé do comércio e da vida noturna de Beyoğlu. ✆ *Büyük Hendek Cad 5, Kuledibi • Mapa F2 • (0212) 293 23 43 • www.anemonhotels.com • $$$$*

2. Antik Hotel
Hotel confortável e acolhedor construído em volta de uma cisterna de 1.500 anos, com vista para o mar de Mármara. A cisterna convertida em casa noturna subterrânea dançante faz sucesso. ✆ *Ordu Cad, Darphane Sok 10 • Mapa M4 • (0212) 638 58 58 • www.antikhotel.com • $$$*

3. Hotel Kariye, Edirnekapı
Esse hotel, instalado em uma mansão de madeira do século XIX, possui 27 apartamentos, todos com equipamentos modernos. Há também um jardim com vista para o Chifre de Ouro e o renomado restaurante Asitane *(p. 77)*. ✆ *Kariye Camii Sok 6 • Mapa J3 • (0212) 534 84 14 • www.kariyeotel.com • $$$*

4. Barceló Saray, Beyazıt
Confortável e elegante, esse hotel-butique de 96 quartos fica perto do Grande Bazar, sendo o ponto ideal para quem prioriza compras ou deseja um momento de paz no meio da confusão. ✆ *Yeniçeriler Cad 77 • Mapa N4 • (0212) 458 98 00 • www.barcelosaray.com • $$$.*

5. Vardar Palace Hotel, Taksim
As áreas comuns desse palácio de 1901, convertido em hotel em 1989, apresentam parte da decoração em estilo seljúcida. Tem 40 quartos espaçosos, linda vista do terraço na cobertura e restaurante agradável no térreo. ✆ *Sıraselviler Cad 16 • Mapa L4 • (0212) 252 28 88 • www.vardarhotel.com • $$*

6. Eklektik Guesthouse, Gálata
Pousada curiosa em casa otomana reformada, com sete quartos em estilos diversos, do retrô dos anos 1960 ao colonial. ✆ *Kadribey Cıkmazı 4, Serdari Ekrem Cad • Mapa F2 • (0212) 243 74 46 • www.eklektikgalata.com • $$*

7. Hotel Villa Zurich, Cihangir
A pouca distância a pé da praça Taksim, com 42 quartos, o Villa Zurich oferece terraço com vista para o Bósforo, onde é servido o café da manhã. ✆ *Akarsu Yokuşu Cad 36 • Mapa G2 • (0212) 293 06 04 • www.hotelvillazurich.com • $$*

8. Sumahan on the Water, Çengelköy (lado asiático)
Magnífica conversão de uma destilaria de rakı pelos atuais donos, arquitetos, com dezoito quartos, o Sumahan fica na costa asiática do Bósforo e vem sendo considerado um dos melhores hotéis pequenos da cidade. Não é a melhor base para passeios (transporte difícil, mesmo com os barcos da casa) – é, sim, ideal para uma hospedagem romântica. ✆ *Kuleli Cad 43 • Mapa U4 • (0216) 422 80 00 • www.sumahan.com • $$$$$*

9. Turquhouse Boutique Hotel, Pierre Loti
O hotel cobre um morro inteiro atrás do Pierre Loti Café, com bela vista do Chifre de Ouro. Tem 67 quartos (alguns triplos e familiares) em casas otomanas restauradas. Entre os hóspedes predominam turcos. ✆ *İdris Köşkü Cad Eyüp, Pierre Loti Tepesi Tesisleri • Mapa A4 • (0212) 497 13 13 • www.turquhouse.com • $$$*

10. Bebek Hotel, Bósforo
Desde sempre um dos locais favoritos para beber da alta sociedade de Istambul, onde os abastados saboreiam gim enquanto apreciam seus iates, esse hotel passou por modernização. Luxo e elegância em 21 quartos. O trânsito pesado para o centro é o único senão. ✆ *Cevdetpaşa Cad 34, Bebek • Mapa U4 • (0212) 358 20 00 • www.bebekhotel.com.tr • $$$$*

Dicas de Viagem

As indicações de preços deste guia estão em dólares norte-americanos, ao câmbio de 1 TL = US$0,47

Side Hotel & Pension; Apricot Hotel; Büyük Londra

Hotéis Econômicos

1. Naz Wooden House Inn, Sultanahmet

Essa pousada de madeira fica no centro da cidade velha. Os sete quartos foram decorados com criatividade e custam pouco. A vista do terraço na cobertura é inestimável.
✆ *Akbıyık Değirmeni Sok 7 • Mapa R6 • (0212) 516 71 30 • www.nazwoodenhouseinn.com • $*

2. Apricot Hotel, Sultanahmet

Mansão otomana restaurada com assoalho (e forro) de madeira de lei e decoração tradicional, tem 24 quartos, sendo seis com hidromassagem ou banho turco. No verão faz-se churrasco no terraço.
✆ *Amiral Tafdil Sok 18 • Mapa R5 • (0212) 638 16 58 • www.apricothotel.com • $*

3. Side Hotel & Pension, Sultanahmet

Opção entre hotelaria (metade dos quartos tem ar-condicionado, os outros, só ventilador), dois apartamentos com cozinha e uma pensão básica (sem ar). Bem perto da Basílica de Santa Sofia, com vista deslumbrante na cobertura.
✆ *Utangaç Sok 20 • Mapa R5 • (0212) 517 22 82 • www.sidehotel.com • $$*

4. Büyük (Grand) Londra, Beyoğlu

Decadência em estado de graça, o Londra é um hotel econômico e pitoresco desde os anos 1900. Hospedou Ernest Hemingway e outros escritores menos cotados, além de aparecer no filme turco *Contra a parede*. Alguns dos quartos (muitos foram reformados), excentricamente decorados, dão vista para o Chifre de Ouro.
✆ *Meşrutiyet Cad 53 • Mapa J5 • (0212) 245 06 70 • www.londrahotel.net • $$*

5. Galata Residence Hotel, Karaköy

Os quinze apartamentos dessa ampla mansão do século XIX (antiga propriedade da família Camondo) dispõem de cozinha, banheiro, ar-condicionado e TV. São limpos diariamente. O hotel oferece ainda bar no porão e vista estupenda do restaurante na cobertura.
✆ *Bankalar Cad, Felek Sok • Mapa F3 • (0212) 292 48 41 • www.galataresidence.com • $*

6. Hotel Sultanahmet, Sultanahmet

Opção econômica popular na via principal, conta com quartos limpos e pessoal simpático. Serviços básicos.
✆ *Divanyolu Cad 20 • Mapa Q4 • (0212) 527 02 39 • www.hotelsultanahmet.com • $*

7. Manzara Istanbul, Gálata

Situado no coração da cidade, o Manzara oferece um amplo leque de apartamentos para hospedagem. Muitos deles apresentam sacada e terraço com belíssimas vistas do Bósforo.
✆ *Tatarbey Sok 26B • Mapa F2 • (0212) 252 46 60 • www.manzaraistanbul.com • $$$$*

8. Hotel Bulvar Palace, Aksaray

Esse hotel quatro-estrelas oferece excelente relação custo-benefício. Com preços razoáveis e ótima localização, nas proximidades do Grande Bazar, conta com 70 quartos e dez suítes confortáveis, tudo bem equipado. O traslado para o aeroporto está incluído na diária.
✆ *Atatürk Bulvari 36 • Mapa D5 • (0212) 528 58 81 • www.hotelbulvarpalas.com • $$*

9. Şebnem Hotel, Sultanahmet

O Şebnem Hotel é na verdade uma pequena pousada com quinze quartos despojados (inclui um triplo e um familiar).
✆ *Akbıyık Cad Adliye Sokak Çikmazı 1 • Mapa S5 • (0212) 517 66 23 • www.sebnemhotel.net • $*

10. Hotel the Pera Hill, Beyoğlu

Esse estabelecimento tem quartos de tamanho razoável, asseados mas básicos. A localização é fabulosa, nas imediações de İstiklal Caddesi.
✆ *Meşrutiyet Cad 39 • Mapa J5 • (0212) 245 66 06 • www.hoteltheperahill.com • $*

Exceto quando há indicação do contrário, os hotéis aceitam cartões de crédito e têm quartos com banheiro, ar-condicionado e acesso à internet

Splendid Palace, Büyükada (Ilhas dos Príncipes)

Categorias de Preço

Para quarto padrão de casal, por noite, com café da manhã (se incluído), impostos e taxas adicionais.

$	até US$45
$$	US$45-80
$$$	US$80-180
$$$$	US$180-300
$$$$$	mais de US$300

TOP 10 Fora da Cidade

1 Splendid Palace Hotel, Büyükada (Ilhas dos Príncipes)
Há toques de elegância art nouveau nesse hotel imponente da Belle Époque, construído em 1908 em torno de um pátio central. Os 70 quartos e quatro suítes têm sacada e vista deslumbrante.
◉ 23 Nisan Cad 39 • (0216) 382 69 50 • www.splendidhotel.net • $$

2 Merit Halki Palace, Heybeliada (Ilhas dos Príncipes)
Vivenda de madeira restaurada com capricho, tem linda vista de Heybeliada e do mar de Mármara a partir do terraço do restaurante, da piscina e da varanda. ◉ Refah Şehitleri Cad 94 • (0216) 351 00 25 • www.halkipalacehotel.com • $$$

3 Anzac Hotel, Çanakkale
Os viajantes deliram com o serviço esmerado desse pequeno estabelecimento, bem situado para quem deseja ir a Troia e a Galípoli. Destaque para o restaurante e o bar de cobertura (no verão). Tem 25 quartos.
◉ Saat Kulesi Meydanı 8 • (0286) 217 77 77 • www.anzachotel.com • $$

4 Hotel Akol, Çanakkale
Em prédio moderno alto, com vista para a costa, no centro, compensa a falta de atmosfera com eficiência e simpatia. Boa comida em restaurante mal decorado, bar de cobertura, piscina e linda vista a partir das sacadas. ◉ Kayserili Ahmet Paşa Cad, Kordon Boyu • (0286) 217 94 56 • www.hotelakol.com • $$$

5 Otantik Club Hotel, Bursa
Residência restaurada de um mercador otomano, em um parque, oferece ar fresco e muito verde, num refúgio das ruas movimentadas de Bursa. Nos 29 quartos espaçosos predomina o estilo otomano de decoração. ◉ Botanik Parkı, Soğanlı • (0224) 211 32 80 • www.otantikclubhotel.com • $$$

6 Safran Otel, Bursa
Mansão otomana cor de açafrão, reformada, com dez quartos e interior moderno e funcional. Bem localizado, no centro da cidade velha. Bom restaurante, com música ao vivo em algumas noites. ◉ Ortapazar Cad 9, Arka Sok 3, Tophane • (0224) 224 72 16/7 • www.safranotel.com • $

7 Polka Country Hotel, Polonezköy
Hotel que homenageia as raízes centro-europeias do vilarejo, em estilo cabana de caça polonesa, com vigas em madeira, poltronas confortáveis e troféus na parede. Com quinze quartos, tem bar-café, restaurante e sauna. Boa opção para um fim de semana sossegado, com verde e ar fresco.
◉ Cumhuriyet Yolu 20 • (0216) 432 32 20/1 • $$

8 Iznik Foundation Guesthouse, Iznik
Os donos fazem parte do grupo que ressuscitou a tradição cerâmica de İznik. Há apenas dez quartos na pousada de frente para o lago, básicos mas agradáveis e convenientes para quem quer conhecer a cidade e a praia. ◉ Sahil Yolu Vakıf Sok 13 • (0224) 757 60 25 • www.iznik.com • $$

9 Rüstem Paşa Kervansaray, Edirne
Albergue do século XVI construído por Sinan (p. 21) para Rüstem Paşa, grão-vizir de Suleiman. Atmosfera cativante sem luxos, tudo muito espartano. Grossas paredes de pedra tornam o prédio fresco no verão e gelado no inverno. O pátio dos camelos é ótimo para relaxar.
◉ Iki Kapılı Han Cad 57 • (0284) 212 61 19 • www.edirnekervansarayhotel.com • $$

10 Fener Motel, Şile, Mar Negro
Hotel tipo resort atraente, em prédio baixo, perto da praia, oferece 27 quartos simples, com varanda. Tem área de camping.
◉ Aglayan Kaya Cad 18, Şile • (0216) 711 28 24 • www.fenermotel.com • $

As indicações de preços deste guia estão em dólares norte-americanos, ao câmbio de 1 TL = US$0,47

Índice

Números de páginas em **negrito** se referem à principal entrada.

A

Abaka, Khan 39
Abdalônimo de Sídon 34
Abdül Aziz, sultão 74, 90
　Palácio Çırağan 92
Abdül Hamit I, sultão 10
Abdül Hamit II, sultão 19, 60
Abdül Mecit I, sultão 11
　Museu Florence Nightingale 96
　Palácio Dolmabahçe 7, 8, 26, 28, 89
　Palácio Küçüks 92
Acıbadem Hastanesi 108
Aeroporto Internacional Atatürk 103
Aeroporto Internacional Sabiha Gökçen 103
água potável 108
Ahidra, Sinagoga 39
Ahmet I, sultão 11
　İznik, azulejos 15
　Mesquita Azul 6, 14, 38, 57
Ahmet III, sultão 95
Aksanat (Akbank), Centro Cultural 51
Al Jamal 84
albergues 109
Alexandre, o Grande 34
alfândega 102
Ali Muhiddin Haci Bekir 83
ambulâncias 108
Amerikan Hastanesi 108
Anadolu Hisarı (Fortaleza da Ásia) 29, 92
Anadolu Kavağı (lado asiático) 29, 92
Antêmio de Trales 57
antiguidades, regras para exportação 109
apart-hotéis 116
Aqua Club Dolphin 48
Aqueduto de Valens (Bozdoğan Kemeri) 37, 73
Arena Kuruçesme 51
Arkeoloji Müzesi (Museu Arqueológico) 6, **16-7**, 34, 58, 59
Arnavutköy 29, 92
Aşiyan Müzesi 35, 90
Askeri Müze (Museu Militar) 34, 80, 81
Asmalı Mescit Sokak 81
assistência médica 108
At Meydanı (Hipódromo) 36, 57, 59
Atatürk 27, 33, 80
　críticas a 111
　estátua 80
　Museu Atatürk 35
　Museu da Pintura e da Escultura 35
　Museu Naval (Beşiktaş) 89
　Palácio Dolmabahçe 27
　Pera Palas Hotel 79
Avrupa Pasajı 83
Aya İrini Kilisesi (Haghia Eirene) 37, 61
Ayasofya (Basílica de Santa Sofia) 6, **12-3**, 36, 57, 59
Azapkapı 76
Aznavur Pasajı 83
azulejos, İznik 15

B

B&Bs 110
Bâb-ı Hümayun (Porta Imperial, Palácio Topkapı) 8
Bâb-üs Selâm (Porta das Saudações, Palácio Topkapı) 8
Babylon 51, 84
Bağdat Caddesi (Moda) 42, 98
Bahariye Caddesi 98
Bairro dos Bazares e Eminönü 66-71
　cafés e restaurantes 71
　caminhadas 69
　mapa 66
Baklahorani (Tatavla), Carnaval de 46
Balat 75, 76
　bares, cafés e restaurantes 77
Balık Pazarı 82
Balyan, Kirkor 91
Balyan, Sarkis 90
bancos 107
　horário 106
Banda Mehter 49, 80
banheiros públicos 111
Banhos de Cağaloğlu 59
Banhos de Galatasaray (Tarihi Galatasaray Hamamı) 79, 81
Banhos de Roxelana (Hürrem Sultan Hamamı) 60
Banhos turcos (hamams)
　Banhos de Cağaloğlu 59
　Banhos de Çemberlitaş 7, **24-5**, 67, 69
　Mesquita de Suleiman 20
barcos 48, 103, 104
　Bósforo 48, 103, 104
　cruzeiros 103
　passeio pelo Bósforo 7, **28-9**
Barış Manço, Museu (Barış Manço Müzesi) 98
bares
　Beyoğlu 85
　Bósforo 93
　Chifre de Ouro, Fatih e Fener 77
　Istambul Asiática 99
　Sultanahmet e Cidade Velha 62
Basílica de Santa Sofia (Ayasofya) 6, **12-3**, 36, 57, 59
Basílio I, imperador 37
Batalha de Manzikert (1071) 32
batedores de carteira 111
Bazar das Especiarias (Mısır Çarşısı) 42, 69
Bazar de Arasta (Arasta Çarşısı) 43, 59, 60
Bazar de Mimar Sinan (Üsküdar) 98
Bazar Egípcio veja Bazar das Especiarias
bazares 42-3
Bebek 29, 90
bebês 109
Beco dos Viciados 21
Beethoven, Ludwig van 80
Bekir, Ali Muhiddin Hacı 32
Beşiktaş 89
　bares, cafés e restaurantes 93
　hotéis 112
　locais de lazer 51
　restaurantes 50
Beyazıt
　centro turístico 105
　hotéis 115
　locais de lazer 51
Beyazıt I, sultão
　Fortaleza da Ásia 29, 92
Beyazıt II, sultão
　Banhos de Galatasaray 79
　Colégio de Galatasaray 82
　Mesquita de Beyazıt 70
Beylerbeyi, Palácio de 29, 90
Beyoğlu 78-85
　bares, cafés e restaurantes 85
　caminhadas 81
　compras 83
　escolha da área 102
　hotéis 115, 116
　mapa 78
　vida noturna 84

Beyoğlu Iş Merkezi 81, 83
Bienal Internacional de Belas-Artes de Istambul 47
Binbirdirek Sarnıcı (Cisterna das 1.001 Colunas) 36, 60
Bizâncio 56
Boğaziçi Köprüsü (Ponte do Bósforo) 28, 33, 90
bombas terroristas 108
bombeiros 108
bondes 82, 104
  Bonde Nostálgico 82
Bósforo 88-93
  bares, cafés e restaurantes 93
  caminhadas 91
  escolha do local 102
  hotéis 115
  mapa 88
Bosphorus Palace (Beylerbeyi) 112
Bozdoğan Kemeri (Aqueduto de Valens) 37, 73
bufé (café) 110
Bukoleon Sarayı (Palácio Bucoleone) 37, 61
Bulgar Kilisesi (Igreja de São Sebastião dos Búlgaros, Balat) 76
Burgazada 52
Bursa 53
  hotéis 117
Büyük Çamlıca 49, 98
Büyükada 48, 52
  hotéis 117
Büyükdere 91
Byzas 56

C

Caddebostan 97
cadeirantes, acesso 109
Caferağa Medresesi 60
cafés 110
  Bairro dos Bazares e Eminönü 71
  Beyoğlu 85
  Bósforo 93
  Chifre de Ouro, Fatih e Fener 77
  Istambul Asiática 99
  Sultanahmet e Cidade Velha 62
caixas eletrônicos 107
câmbio 107
caminhadas 104
  Bairro dos Bazares e Eminönü 69
  Beyoğlu 81
  Bósforo 91
  Chifre de Ouro, Fatih e Fener 75

Istambul Asiática 97
Sultanahmet e Cidade Velha 59
caravançará, Mesquita de Suleiman 20
cardápios 110
carro, dirigir em Istambul 104
cartões de crédito 107
Casa da Moeda Imperial (Darphane) 61
casas de câmbio 107
Castelo Yedikule 61
cavalos, corrida e adestramento 49
çayhane (salões de chá) 110
celulares 106
Cemal Reşit Rey Concert Hall 51
Çemberlitaş, Banhos de 7, **24-5**, 67, 69
Cemitério Britânico da Guerra da Criméia (Üsküdar) 98
Cemitério de Eyüp 75, 76
Cemitério de Karaca Ahmet (Üsküdar) 98
Çengelköy
  bares, cafés e restaurantes 93
  hotéis 115
Centro de Artesanato de Istambul (Caferağa Medresesi) 60
centros turísticos 102, 105
cheques de viagem 107
Chifre de Ouro, Fatih e Fener 72-7
  bares, cafés e restaurantes 77
  caminhadas 75
  mapa 72
Christie, Agatha 79
Çiçek Pasajı 82, 85
Cidade Velha veja Sultanahmet e Cidade Velha
cinema, festival de 46
circulação em Istambul 105
Ciro, prefeito do Leste 61
Cisterna da Basílica (Yerebatan Sarnıcı) 36, 58, 59
Cisterna das 1.001 Colunas (Binbirdirek Sarnıcı) 36, 60
cisternas 36, 58
clima 102
códigos de área, telefones 106
Colégio de Galatasaray 81, 82
Coluna de Constantino (Çemberlitaş) 68

comida e bebida 110
  comida de rua 108
  compras 43
  destaques culinários 40-1
  higiene 108
  vegetariana 110
  veja também Restaurantes
companhias aéreas turcas 103
competições internacionais de natação, remo e vela Ásia-Europa 46
compras 42-3
  Beyoğlu 83
  Grande Bazar **18-9**, 67
  horário de abertura 106
Constantino I, imperador 37, 56, 68
  Cisterna da Basílica 58
  Coluna de Constantino 68
  Grande Palácio 57
Constantino IX Monômaco, imperador 13, 32, 74
Constantino VI Porfirogeneto, imperador 57
Constantino XI Paleólogo, imperador 37
Consulado Real da Suécia 82
consulados 102, 108
contas azuis (amuletos) 43
Çorlulu Ali Paşa Medresesi 62
correio 106
couro 42, 43
crianças 109
  atividades 48-9
crime 108
críticas à Turquia 111
cruzados 32
cruzeiros 103
  pelo Bósforo 7, **28-9**
Çukurcuma (Galatasaray) 43, 80, 81, 83
culto veja Igrejas; Mesquitas; Sinagogas
Cuno, Helmuth 96

D

Deniz Müzesi (Museu Naval) 35, 89
descontos 109
dinheiro 107
dirigir em Istambul 104
Divanyolu Caddesi 59, 60
documento de identidade 108
Dolmabahçe, Palácio 7, 8, **26-7**, 28, 89
dolmuş (lotação) 104
dor de barriga 108
drogas, segurança 111
duty-free, limites 102

E

Edirne 53
  hotéis 117
Edirnekapı
  bares, cafés e restaurantes 77
  hotéis 115
Eduardo VIII, rei da Inglaterra 59
Efes Pilsen One Love Festival 46
eletricidade 106
embaixadas 102, 108
emergências 108
Eminönü 68
  veja também Bairro dos Bazares e Eminönü
Eminönü, cais 28
especiarias 43
Estação do Haydarpaşa 96, 97
Estação Sirkeci 58
estações
  ferroviárias 103
  rodoviárias 103
estudantes 109
etiqueta islâmica 39
eventos e festivais 46-7
excursões 52-3
Expresso do Oriente 63
Eyüp el-Ensari 74

F

Fábrica Imperial de Porcelana 89
Fábrica Imperial de Tapetes Hereke 44
falsificações 111
farmácias 108
fast-food 110
Fatih 76
  bares, cafés e restaurantes 77
Fener 76
  bares, cafés e restaurantes 77
feriados 106
ferrovia funicular 82, 104
Festa animada 78
Festa do Açúcar (Şeker Ramazan Bayramı) 47
Festa do Sacrifício (Kurban Bayramı) 47
festivais e eventos 46-7
Festival Internacional de Jazz de Istambul 47
Festival Internacional de Música e Dança de Istambul 46
Festival International de Cinema de Istambul 46

Fethiye Camii (Ex-Igreja de Pammakaristos) 37, 73, 75
Fikret, Tevfik 90
Florence Nightingale Hastanesi 108
floresta Belgrado (Belgrad Ormanı) 49, 52
Fonte do Kaiser Guilherme 60
fontes de informação 105
fontes, Grande Bazar 19
Fortaleza da Ásia (Anadolu Hisarı) 29, 92
Fortaleza da Europa (Rumeli Hisarı) 29, 49, 90-2
Forum Tauri 67
fotografia 106
furto 108, 111

G

Gálata
  hotéis 115, 116
Galata House 85
Galata Mevlevihanesi 81-2
Galatasaray 43
Galeri Kayseri 105
galerias *veja* Museus e galerias
Galip Dede Caddesi 81, 83
Galípoli (Gelibolu) 52
Garajlstambul 84
Garbo, Greta 79
Garnier, Paul 27
gays 109
Gelibolu (Galípoli) 52
gorjetas 107
governantes bizantinos 37
Grande Bazar (Kapalı Çarşı) 6, **18-9**, 42, 67, 69
Grande Prêmio da Turquia de Fórmula 1 47
Guerra da Crimeia (1854-56) 33
Guilherme II, kaiser 59
  Estação do Haydarpaşa 96
  Fonte Kaiser Guilherme 60
Gül Camii (Mesquita Rosa, Fatih) 76
Gülbahar Hatun 73
Gülnuş Emetullah 94

H

Haghia Eirene (Aya İrini Kilisesi) 37, 61
hamams veja Banhos turcos
haréns
  Palácio Dolmabahçe 27
  Palácio Topkapı 8, 10-1
Hari, Mata 79
Haşeki Hürrem Hamamı (Banhos de Roxelana) 60
Hasköy 76
Hattusili III, rei dos hititas 17

Havacılık Müzesi (Museu da Aviação) 35
Hazine Koğuşu (Tesouro, Palácio Topkapı) 9
Heybeliada 48, 52
  hotéis 117
higiene 108
Hipódromo (At Meydanı) 36, 57, 59
história 32-3
Homero 53
hora local 106
horários de abertura 106
hospitais 108
hotéis 112-7
  de alto nível 113
  de luxo 112
  econômicos 116
  escolha 110
  fora de Istambul 117
  gorjetas 107
  preços fora de temporada 110
  típicos 114-5
Hürrem Sultan Hamamı (Banhos de Roxelana) 60

I

İbrahim Paşa 34, 57
İç Bedesten, Grande Bazar 18
idosos 109
igrejas e ex-igrejas
  Basílica de Santa Sofia (Aya Sofya) 6, **12-3**, 36, 57, 59
  Cristo 39, 82
  Cristo Pantocrátor (Molla Zeyrek Camii, Küçükpazar) 76
  Haghia Eirene (Aya İrini Kilisesi) 37, 61
  Pammakaristos (Fethiye Camii) 37, 73, 75
  Santa Maria dos Mongóis (Kanlı Kilise) 39, 75, 76
  Santa Maria Draperis 81
  Santo Antônio de Pádua 39, 81, 82
  São João de Studius (İmrahor Camii) 61
  São Jorge ((Ortodoks Parikhanesi, Fener) 38, 75, 76
  São Pedro e São Paulo 81
  São Salvador em Chora (Kariye Camii) 7, **22-3**, 36, 75
  São Sebastião dos Búlgaros (Bulgar Kilisesi, Balat) 76
  São Sérgio e São Baco (Küçük Ayasofya Camii) 61

Ilhas dos Príncipes (Adalar) 48, 52
hotéis 117
Imaret (cozinha das sopas), Mesquita de Suleiman 20
imperadores otomanos 33
impostos
compra de tapetes 45
reembolso 107
İmrahor Camii (Ex-Igreja de São João de Studius) 61
Indigo 84
International Hospital 108
internet 105, 106
Irene, imperatriz 12, 37
Isidoro de Mileto 57
İskele Meydanı (Üsküdar) 98
islã 109
etiqueta 39
İslambol 32
Istambul Asiática 94-9
bares, cafés e restaurantes 99
mapa 94
passeios 97
İstiklal Caddesi 42, 79, 81, 82
İznik 53
azulejos 15
hotéis 117

J

Jasmund, August 58
janízaros 33, 80
jardins *veja* Parques e jardins
jazz, festival 47
Jeaurat, Etienne
A sultana favorita 11
João II Comneno, imperador 12, 73
joias 43
Rua dos Joalheiros, Grande Bazar 18
jornais 105
jovens, viajantes 109
Justiniano I, imperador 37
Basílica de Santa Sofia 12, 13, 36, 57
Cisterna da Basílica 58
Museu dos Mosaicos 60
Justiniano II, imperador 37

K

Kadife Sokak (Kadıköy) 99
Kadıköy 97
bares, cafés e restaurantes 99
Kalpakçılar Caddesi (Rua dos Joalheiros), Grande Bazar 18
Kanlı Kilise (Igreja de Santa Maria dos Mongóis) 39, 75, 76

Kanlıca
bares, cafés e restaurantes 93
restaurantes 51
Kanyon (Levent) 42
Kapalı Çarşı (Grande Bazar) 6, **18-9**, 42, 67, 69
Kara Memi 15
Karaköy
bares, cafés e restaurantes 93
caminhadas 91
hotéis 116
Kariye Camii (Ex-Igreja de São Salvador em Chora) 7, **22-3**, 36, 75
Kemal Paşa, Mustafá *veja* Atatürk
kilims 44
Kilyos 52
Kınalıada 52
Kiraç, família 80
Kız Kulesi (Torre de Leandro) 28, 94, 97
Kızıl Adalar (Ilhas dos Príncipes) 48, 52
hotéis 117
Koç, Rahmi 74
Kösem, sultão 11
Koton 83
Küçük Ayasofya Camii (Ex-Igreja de São Sérgio e São Baco) 61
Küçükpazar 76
Kurban Bayramı (Festa do Sacrifício) 47
Kuzguncuk 98

L

lazer, locais 51
Lecapenus, almirante Romanus 70
lembranças 43
Levent 42, 83
hotéis 113
língua 106
Liszt, Franz 59
livros
Bazar dos Livros Usados (Sahaflar Çarşısı) 42, 70
livrarias em língua estrangeira 105
lokanta (restaurantes) 110
lotação 104
Loti, Pierre 74, 77

M

madraçais, Mesquita de Suleiman 20
Mahmut I, sultão
Banhos de Cağaloğlu 59
praça Taksim 80

Mahmut II, sultão 11, 33
Museu Florence Nightingale 96
Maomé, profeta 38
Mesquita do Sultão Eyüp 74
relíquias religiosas 9
mapas 105
mar Negro
hotéis 117
praias 52
Maria Paleóloga, princesa 39, 76
Mausolus, rei de Halicarnasso 16
Mavi Jeans 83
Maxêncio 68
médicos 108
Mehmet, príncipe 74
Mehmet II, o Conquistador, sultão 32, 33
Bairro dos Bazares e Eminönü 66
Fortaleza da Europa 29, 49, 90, 92
Grande Bazar 18, 67
Mesquita do Sultão Eyüp 74
Mesquita do Fatih 38, 73, 75
Palácio Topkapı 8
Mehmet III, sultão 11, 33
Palácio Topkapı 10
Mehmet IV, sultão 11
Museu Naval (Beşiktaş) 89
túmulo 69
Mehmet VI, sultão 33
Mehter, Banda 49, 80
mercados 42-3
Mesquita Azul (Sultanahmet Camii) 6, **14-5**, 38, 57, 59
Mesquita de Suleiman 7, 14, **20-1**, 38, 67, 69
mesquitas
Antiga da Sultana-Mãe (Üsküdar) 38, 94
Atik Ali Paşa 70
Azap Kapı (Azapkapı) 76
Azul (Sultanahmet Camii) 6, **14-5**, 38, 57, 59
Beyazıt 70
Bodrum 70
Eyüp 38, 74, 75
Fatih 38, 73, 75
İskele (Üsküdar) 94
Kalenderhane 70
Kılıç Ali Paşa 91
Laleli (Laleli Camii) 70
Mosaicos (Çinili Camii, Üsküdar) 98
Nova (Yeni Camii) 69

Índice

Nova da Sultana-Mãe (Üsküdar) 94
Nuruosmaniye 69, 70
Nusretiye 91
Príncipe (Şehzade Camii) 74
Rosa (Gül Camii, Fatih) 76
Rum Mehmet Paşa (Üsküdar) 98
Rüstem Paşa 68, 69
Şemsi Paşa (Üsküdar) 94
Suleiman 7, 14, **20-1**, 38, 67, 69
Sultana-Mãe (Valide Sultan Camii) 70
Tulipa (Laleli Camii) 70
Metoquita, Teodoro 22, 23, 75
metrô 104
Meyar, Johann 27
meyhane, cafés 110
Miguel III, imperador 37
Miguel IV, imperador 13
Miguel VIII Palaeólogo, imperador 32, 39
Mihrimah 11, 68, 94
Miniatürk 48, 73
Mısır Çarşısı (Bazar das Especiarias) 42, 69
Moda 98
  bares, cafés e restaurantes 99
Molla Zeyrek Camii (Ex-Igreja do Cristo Pantocrátor, Küçükpazar) 76
Mongeri, Giulio 82
Monumento do Milhão (Milyon Taşi) 60
monumentos 51
monumentos bizantinos 36-7
Mosteiro Mevlevi 35
Mozaik Müzesi (Museu dos Mosaicos) 36, 59, 60
muçulmanos *veja* Islã
mudança da capital para Constantinopla 32
muhallebici (doceria) 110
mulheres em viagem 109, 111
muralhas 74
Muralha da Costa 61
Muralhas de Teodósio (Teodos II Surları) 36, 75
Murat I, sultão 33
  túmulo, 53
Murat III, sultão
  Basílica de Santa Sofia 13
  Ex-Igreja de Pammakaristos 37, 73
  Palácio Topkapı 10
Murat IV, sultão 9

N

Nabucodonosor, rei 16
Nakshedil, sultão 11
Nardis Jazz Club 51, 84
narguilé, cafés 110
Neve Shalom, Sinagoga 39
Nevizade Sokak 81, 85
Nightingale, Florence 33, 59
  Museu Florence Nightingale 35, 96, 97
Nika, Revolta de (532) 12, 36
Nişantaşı 82
Nurbanu, válide do sultão 11, 24, 94
  Antiga Mesquita da Sultana-Mãe (Üsküdar) 38
  Banhos de Çemberlitaş 67

museus e galerias
  Centro Cultural Atatürk (AKM) 51, 81
  İstanbul Modern (Karaköy) 35, 89, 91
  Museu Arqueológico (Arkeoloji Müzesi) 6, **16-7**, 34, 58, 59
  Museu Aşiyan 35, 90
  Museu da Aviação (Havacılık Müzesi) 35
  Museu da História da Ciência e da Tecnologia Islâmicas 35
  Museu da Moda, Palácio Topkapı 9
  Museu da Pintura e da Escultura (Resim ve Heykel Müzesi, Beşiktaş) 92
  Museu de Artes Turcas e Islâmicas (Türk ve İslam Eserleri Müzesi) 34, 57, 59
  Museu de Pera 35, 80
  Museu do Automóvel (SAV Klasik Otomobil Müzesi, Çengelköy) 35, 92
  Museu do Brinquedo de Istambul (Göztepe) 48, 97
  Museu dos Dervixes Rodopiantes 82
  Museu dos Mosaicos (Mozaik Müzesi) 36, 59, 60
  Museu Ferroviário 35
  Museu Florence Nightingale (Üsküdar) 35, 96
  Museu Militar (Askeri Müze) 34, 80, 81
  Museu Naval (Deniz Müzesi) 35, 89
  Museu Rahmi Koç 35, 74-5
  Museu Sadberk Hanım (Büyükdere) 35, 91
  santralistanbul 35
Mustafa III, sultão 70, 73

O

ofensa à sensibilidade
  islâmica 111
  relíquias religiosas 9
Onassis, Jackie 79
ônibus, aeroporto 103
Ópera de Süreyya 51
Orhan Gazi, sultão 33, 53, 96
Orient House (Beyazıt) 51, 71
Ortaköy 28, 92
  bares, cafés e restaurantes 93
  hotéis 113
  restaurantes 50
Ortodoks Parikhanesi (Igreja de São Jorge, Fener) 38, 75, 76
Osman II, sultão 33
Osman III, sultão 70
Osman Gazi, sultão 33
Osman Hamdi Bey 16

P

palácios
  Aynalıkavak (Hasköy) 76
  Beylerbeyi 29, 90
  Bucoleone (Bukoleon Sarayı) 57, 61
  Çırağan Kempinski (Beşiktaş) 92, 112
  Dolmabahçe 7, 8, **26-7**, 28, 89
  Grande Palácio 57, 60
  Küçüksu (Beykoz) 92
  Porfirogeneta (Tekfur Sarayı, Edirnekapı) 76
  Topkapı 6, **8-11**, 34, 58, 59
  Yıldız 89, 90
parques e jardins 49
  Parque Emirgan 49, 92
  Parque Gülhane 49
  Parque Gezi 49
  Parque Maçka 49
  parques no Chifre de Ouro 49
Paşabahçe 83
passagens 104
passaportes 102, 108
passeios e excursões 104, 105
  passeio pelo Bósforo 7, **28-9**
pastanes (confeitarias) 110
Patriarcado Ortodoxo Grego 75
Pavilhão do Manto Sagrado, Palácio Topkapı 9
pechinchar 107
Pera 78
Pera Palas Hotel 79

Peyote 84
Pierre Loti 74, 75
  bares, cafés e
  restaurantes 77
  hotéis 115
Pierre Loti Café (Eyüp) 75, 77
Plan Tours (Elmadağ) 105
planeamento 102
polícia 108
Polonezköy 49, 52
  hotéis 117
Ponte de Gálata 68
Ponte do Bósforo (Boğaziçi Köprüsü) 28, 33, 90
Porta das Saudações (Bâb-üs Selâm), Palácio Topkapı 8
Porta Imperial (Bâb-ı Hümayun), Palácio Topkapı 8
portadores de deficiência 109
portas, Grande Bazar 19
pousadas 110
praça Beyazıt 67, 69
praça de Karaköy 91
praça Sultanahmet 49, 60
praias no mar Negro 52
prostitutas 111

R
Rahmi Koç, museu 35, 74-5
Ramsés II, faraó 17
reembolso de impostos 107
regras de exportação 109
reis
  imperadores bizantinos 37
  imperadores otomanos 33
religião 109
relíquias religiosas 9
reproduções históricas 43
Resim ve Heykel Müzesi (Museu da Pintura e da Escultura) 35, 92
restaurantes 50-1
  Bairro dos Bazares e Eminönü 71
  Beyoğlu 85
  Bósforo 93
  cardápios 110
  Chifre de Ouro, Fatih e Fener 77
  comida vegetariana 110
  gorjeta 107
  higiene alimentar 108
  Istambul Asiática 99
  Sultanahmet e Cidade Velha 63
  veja também Comida e bebida
revistas 105
Riddim 84

Ritter, Otto 96
Robinson Crusoe (livraria) 83
Romano III Argiro, imperador 13
Romano IV Diógenes, imperador 37
roupas
  compras 43
  etiqueta 39
  femininas 109
  Museu da Moda 9
  o que levar 102
Roxelana 11
  Banhos de Roxelana 60
  túmulo 67, 69
Rua dos Franceses (Fransız Sokağı) 81
Rumeli Hisarı (Fortaleza da Europa) 29, 49, 90-1, 92
Rumi Mehmet Paşa, grão-vizir 98
Rüstem Paşa Kervansaray (Edirne) 117
Rüstem Paşa, grão-vizir 11

S
Sabancı, família 91
Sabancı, Sakıp 34
Sadberk Hanım, Museu (Büyükdere) 35, 91
Safiye, válide do sultão 11, 69
Sahaflar Çarşısı (Bazar dos Livros Usados) 42, 70
Sakıp Sabancı, Museu (Emirgan) 34, 91
Salm, Niklas Graf 32
salões de chá 110
Salon İKSV 51, 84
Sandal Bedesten, Grande Bazar 19
saque de Constantinopla (1204) 32
Sarıyer 29
saúde 108
SAV Otomobil Müzesi, Çengelköy (Museu do Automóvel) 35, 92
Schliemann, Heinrich 53
Seacole, Mary 96
segurança 108, 111
  orientação do governo 105
seguros 102
  de viagem 102
Şeker Ramazan Bayramı (Festival do Açúcar) 47
Selim I, sultão 15
Selim II, o Beberrão, sultão 11, 67
Selim III, sultão 90, 96
Selimiye, Quartel 97

serviços postais 106
Severo, Sétimo, imperador 57
Şile 52
  hotéis 117
sinagogas (individuais)
  Ahrida 75
  Zülfaris 91
Sinan 21, 94
  Antiga Mesquita da Sultana-Mãe 38, 94
  Banhos de Çemberlitaş 24, 25, 67
  Mesquita Azap Kapı 76
  Mesquita de Suleiman 7, 14, 20, 38
  Mesquita do Kılıç Ali Paşa 91
  Mesquita do Príncipe 74
  Mesquita do Rüstem Paşa 68
  Mesquita do Şemsi Paşa 94
  túmulo 20, 67
sites 105
Sítio de Viena 32
Sofa Imperial, Palácio Topkapı 9
Soğukçeşme Sokağı 59
Sokollu Mehmet Paşa 61
Sokollu Mehmet Paşa Camii 61
Süheyla 84
Suleiman I, o Magnífico, sultão 32, 33, 58
  Banhos de Roxelana 60
  Mesquita de İskele 94
  Mesquita de Suleiman 7, **20-1**, 38, 67
  Mesquita do Príncipe 74
  túmulo 20, 67, 69
Sultanahmet Camii (Mesquita Azul) 6, **14-5**, 38, 57, 59
Sultanahmet e Cidade Velha 56-63
  bares e cafés 6
  hotéis 112, 114, 116
  informações turísticas 105
  mapa 56
  restaurantes 50, 63
Sultanahmet Hamamı 60
sultões
  Abdül Aziz 74, 90, 92
  Abdül Hamit I 10
  Abdül Hamit II 19, 27, 60, 89, 90
  Abdül Mecit 7, 8, 11, 26, 28, 89, 92, 96
  Ahmet I 6, 11, 14, 15, 38, 57
  Ahmet III 94

Beyazıt I 29, 92
Beyazıt II 70, 79, 82
Mahmut I 59, 80
Mahmut II 11, 33, 96
Mehmet II, o Conquistador 8, 18, 29, 32, 33, 38, 49, 66, 67, 73, 74, 75, 90, 92
Mehmet III 10, 11, 33
Mehmet IV 11, 69, 89
Mehmet VI 33
Murat I 33, 53
Murat III 10, 13, 37, 73
Murat IV 9
Mustafa III 70, 73
Orhan Gazi 33, 53, 96
Osman II 33
Osman III 70
Osman Gazi 33
Selim I 15
Selim II (o Beberrão) 11, 67
Selim III 90, 96
Suleiman I, o Magnífico 7, 11, 20, 21, 32, 33, 38, 58, 60, 67, 69, 74, 94

T

tabaco 109
Taksim
　hotéis 112, 113, 115
Taksim, praça 80
tapetes 43, 44-5
　de oração 44
　Grande Bazar 18
Tarabya 92
Tarihi Galatasaray Hamamı (Banhos de Galatasaray) 79, 81
táxis
　do aeroporto 103
　em Istambul 104
　taxistas inescrupulosos 111

Tekfur Sarayı (Palácio do Porfirogeneta, Edirnekapı) 76
telefones 106
　emergência 108
Teodora, imperatriz 37
Teodos II Surları (Muralhas de Teodósio) 36, 75
Teodósio II, imperador 37
　Muralhas de Teodósio 36, 75
Teodósio, imperador 32
　Forum Tauri 67
　muralhas marinhas 61
Tepebaşı
　hotéis 112, 115
terremotos 111
terrorismo 108
Tesouro (Hazine Koğuşu), Palácio Topkapı 9
têxteis
　compras 43
　tapetes 43, 44-5
toaletes *veja* Banheiros públicos 111
Tophane (Karaköy) 93
Torre de Beyazıt 70
Torre de Gálata 79, 81
Torre de Leandro (Kız Kulesi) 28, 94, 97
trem 103
Troia (Truva) 53
Trótski, Leon 79
Túmulos imperiais 61
Tünel 81, 82
Turhan Hatice, válide do sultão 69
Turhan Hatice, sultana 11
Turkish Airlines 103
Türk Vakıf Hat Sanatları Müzesi (Museu da Caligrafia) 35, 70

Türk ve İslam Eserleri Müzesi (Museu das Artes Turcas e Islâmicas) 34, 57, 59
Turkuazoo 48

U

Universidade de Istambul 70
Üsküdar 99

V

vacinas 102
Valens, imperador 73
Valide Han, Grande Bazar 19
Vestíbulo Imperial, Palácio Topkapı 9
viagem
　como chegar a Istambul 103
　como circular em Istambul 104
viagens aéreas 103
viagens de ônibus 103
vida noturna, Beyoğlu 84
Viking Turizm (Taksim) 105
vistos 102

Y

Yalova 52
Yapı Kredi Vedat Nedim Tör Müzesi 35, 82
Yeni Camii (Nova Mesquita da Sultana-Mãe) 69
Yerebatan Sarnıcı (Cisterna da Basílica) 36, 58, 59
Yıldız, Palácio de (Beşiktaş) 89, 90
Yıldız, Parque 49

Z

Zeytinburnu 42
Zincirli Han, Grande Bazar 19
Zoë, imperatriz 13, 37

Agradecimentos

Autora
Melissa Shales é uma premiada escritora de viagens. Trabalhou em mais de cem guias de turismo, como autora, colaboradora ou editora. Escreveu artigos sobre viagens para diversas revistas e foi editora da revista inglesa *Traveller*. Entre 2004 e 2006, foi presidente da British Guild of Travel Writers.

A autora gostaria de agradecer ao Turkish Tourist Office (especialmente a Joanna Marsh, em Londres, e a İlginay Altuntaş, em Istambul), a Emma Levine e a Victoria Gooch, pela generosidade, pelo esforço e pela paciência durante a pesquisa para este livro.

Produzido por Coppermill Books, 55 Salop Road, Londres E17 7HS
Diretor editorial Chris Barstow
Design Ian Midson
Editor de texto Charles Phillips
Consultoria editorial Fay Franklin
Revisão Antony Mason
Checagem Arzu Bölükbaşı
Indexação Hilary Bird
Fotografia Antony Souter
Fotografia adicional Philip Entickna, Izzet Keribar, Tony Souter, Linda Whitwam, Francesca Yorke
Ilustração Chapel Design & Marketing
Cartografia Simonetta Giori, Dominic Beddow (Draughtsman Ltd).

DORLING KINDERSLEY
Publisher Douglas Amrine
Gerente editorial Christine Stroyan
Editor de arte sênior Maite Lantaron
Editor de cartografia sênior Casper Morris
Produtora gráfica Natasha Lu
Controle de produção Elizabeth Warman
Revisão Namrata Adhwaryu, Emma Anacootee, Şebnem Atılgan, Jennifer Barnes Eliot, Nadia Bonomally, Imogen Corke, Nicola Erdpresser, Anna Freiberger, Claire Jones, Sumita Khatwani, Batur Kızıltuğ, Shikha Kulkarni, Maite Lantaron, Darren Longley, Hayley Maher, Helen Partington, Ellen Root, Preeti Singh, Beverly Smart, Sadie Smith, Conrad Van Dyk, Ajay Verma, Patricia Yale.

Créditos das imagens
Legenda: a-alto/acima; b-embaixo/abaixo; c-centro; e-esquerda; d-direita.

Os editores gostariam de agradecer aos seguintes profissionais, empresas e bancos de imagem pela gentil permissão de reprodução de suas fotografias.

ALAMY IMAGES: Roger Cracknell 08/Greece 28cdb; ATLANTIDE PHOTO TRAVEL: Massimo Borchi 30-1; AXIOM PHOTOGRAPHIC AGENCY: 54-5.

BRIDGEMAN ART LIBRARY: 32 be, 33bd. CAPAMARKA ENTERTAINMENT GROUP: 84ac; MAHMUT CEYLAN: 47a; 4CORNERS IMAGES: 64-5.

GALERI KAYSERI: 105ae; GETTY IMAGES/HULTON ARCHIVE: 32ad, 33ce; GÖKHAN KALI: 46a.

ISTANBUL DOORS GROUP: 50ad. İZZET KERİBAR: 100-1. ESBER METIN: 46bd. AYLİN ÖZMETE: 46c; pera palace: 79ad.

SHUTTERSTOCK: Vitaly Titov e Maria Sidelnikova 104ac; SONIA HALLIDAY PHOTOGRAPHS: Topkapı Palace 11 be; STAR GAZETE: MURAT DUZYOL 109ae.

TURKUAZOO: 48bd.

Todas as outras imagens © Dorling Kindersley. Para mais informações, acesse *www.dkimages.com*

Frases

Pronúncia

O turco segue basicamente o alfabeto ocidental, com 29 letras: 8 vogais e 21 consoantes. Apenas algumas letras são diferentes do que se conhece em português: **ğ** não se pronuncia – serve para prolongar o som da vogal anterior; **ı** pronuncia-se ã; **ö** pronuncia-se "âr"; **ş** pronuncia-se "xi" como em "xícara"; **ü** pronuncia-se "ii" como em "mill". Além disso, há pronúncias diferentes para **c** e **ç**: o **c** tem som de "dj" como em "Djalma", e o **ç** pronuncia-se "tch" como em "tchau".

Emergências

Socorro!	**İmdat!**	im-**dát**
Chame um médico!	**Bir doktor çağrın!**	bir dok-**tor** chá-**rãn**
Chame uma ambulância!	**Bir ambulans çağrın!**	bir am-bu-**lãs** chá-**rãn**
Chame a polícia!	**Polis çağrın!**	po-**lis** chá-**rãn**
Fogo!	**Yangın!**	ian-**gã**
Onde fica o telefone/hospital mais próximo?	**En yakın telefon/ hastane nerede?**	en ia-**kã** té-lé-**fon** **has**-tá-né **né**-ré-dé

Comunicação Essencial

Sim	**Evet**	é-**veti**
Não	**Hayır**	Hi-**aí**-ir
Obrigado	**Teşekkür ederim**	té-shek-**kilr** é-dé-rim
Por favor	**Lütfen**	**lilt**-fen
Com licença	**Affedersiniz**	af-fé-dér-si-niz
Oi	**Merhaba**	**mer**-ha-bá
Adeus	**Hoşça kalın**	hosh-**chá** ká-lun
Manhã	**Sabah**	sa-**bá**
Tarde	**Öğleden sonra**	ur-lé-**den** son-ra
Noite	**Akşam**	ak-**sham**
Ontem	**Dün**	diun
Hoje	**Bugün**	**bú**-guiun
Amanhã	**Yarın**	**iá**-rin
Aqui	**Burada**	**bú**-ra-da
Lá	**Şurada**	**shú**-ra-da
Ali	**Orada**	**ô**-ra-da
O quê?	**Ne?**	né
Quando?	**Ne zaman?**	né **zá**-mã
Onde?	**Nerede?**	**né**-ré-dé

Frases Úteis

Prazer em conhecê-lo	**Memnun oldum**	mem-**nun ol**-dum
Onde está/estão?	**... nerede?**	... **né**-ré-dé
A que distância fica...?	**... ne kadar uzakta?**	... **né ká**-dar u-zák-ta
Você fala inglês?	**İngilizce biliyor musunuz?**	in-gi-**liz**-jé bi-**li**-yor mu-su-nuz?
Você pode me ajudar?	**Bana yardım edebilir misiniz?**	ba-**ná** iar-**dúm** é-dé-bi-**lir** mi-si-niz?
Não quero	**İstemiyorum**	ìs-**té**-mi-yo-rum

Palavras Úteis

grande	**büyük**	bil-**yeuk**
pequeno	**küçük**	kil-**tcheuk**
quente	**sıcak**	su-**dják**
frio	**soğuk**	só-**uk**
bom/bem	**iyi**	i-**yi**
ruim	**kötü**	kur-**til**
aberto	**acık**	a-**tchák**
fechado	**kapalı**	ka-pa-**lã**
esquerda	**sol**	sol
direita	**sağ**	saa
perto	**yakın**	ia-**kã**
longe	**uzak**	u-**zák**
em cima	**yukarı**	yu-ka-**rú**
embaixo	**aşağı**	a-shá-**ã**
cedo	**erken**	ér-**kên**
tarde	**geç**	getch
banheiros	**tuvaletler**	tu-va-let-**lêr**

Compras

Quanto custa isto?	**Bu kaç lira?**	bu **katch** li-ra
Eu gostaria de...	**... istiyorum**	... is-**ti**-yo-rum
Você tem...?	**... var mı?**	... **var** mã?
Vocês aceitam cartão de crédito?	**Kredi kartı kabul ediyor musunuz?**	**kré**-di **kar**-tii ka-**bul é-di**-ior mu-su-nuz?
A que horas abrem/fecham?	**Saat kaçta açılıyor/ kapanıyor?**	Sa-**at** katchi-**ta** a-tcha-**lã**-yor/ ka-pa-**nã**-yor
este	**bunu**	bu-**nu**
aquele	**şunu**	su-**nu**
caro	**pahalı**	pa-ha-**li**
barato	**ucuz**	u-**djuz**
tamanho (roupa)	**beden**	bé-**den**
tamanho (sapato)	**numara**	nu-ma-**ra**
branco	**beyaz**	bei-**iás**
preto	**siyah**	si-**iá**
vermelho	**kırmızı**	kir-mi-**zu**
amarelo	**sarı**	sa-**rú**
verde	**yeşil**	ié-**shil**
azul	**mavi**	ma-**ví**
marrom	**kahverengi**	ka-**vé**-ren-gui
loja	**dükkan**	dil-**kan**
até	**kasa**	ka-**sa**
Minha última oferta	**Daha fazla veremem**	do-**ha faz**-la vé-**ré**-mem

Tipos de Loja

agência de viagens	**seyahat acentesi**	sai-ia-**hat** a-djen-té-**si**
alfaiate	**terzi**	ter-**zi**
antiquário	**antikacı**	an-**ti**-ka-djã
artigos de couro	**derici**	dé-ri-**dji**
banca de jornais	**gazeteci**	ga-**zé**-té-dji
banco	**banka**	**ban**-ka
correio	**postane**	pos-ta-**né**
farmácia	**eczane**	ej-za-**né**
livraria	**kitapçı**	ki-tap-**tchã**
loja de doces	**pastane**	pas-ta-**né**
loja de calçados	**ayakkabıcı**	a-**iá**-ka-bi-djã
mercado/bazar	**çarşı/pazar**	tchar-**shuh**/ pa-**zar**
padaria	**fırın**	fuh-**rã**
supermercado	**süpermarket**	sil-per-mar-**két**
verdureiro	**manav**	ma-**nav**

Atrações Turísticas

banho turco	**hamam**	ha-**mam**
castelo	**hisar**	hi-**sar**
igreja	**kilise**	ki-**li**-sé
informação turística (centro de)	**turizm danışma bürosu**	tu-**rizm** da-nãsh-**má biu**-ro-su
mesquita	**cami**	**dja**-mi
museu	**müze**	**mil**-zé
palácio	**saray**	sar-**ai**
parque	**park**	park
praça	**meydan**	mai-**dan**

Transporte

aeroporto	**havalimanı**	ha-**va**-li-ma-niu
bilhete de viagem	**bilet**	bi-**let**
bilheteria	**bilet gişesi**	bi-**let** gui-shé-**si**
dolmuş (lotação)	**dolmuş**	dol-**músh**
estação	**istasyon**	is-tas-**siom**
ferryboat	**vapur**	va-**pur**
horários	**tarife**	ta-ri-**fé**
ônibus	**otobüs**	o-to-**bils**
ônibus marítimo	**deniz otobüsü**	dé-**niz** o-to-**bil**-siu
passagem (preço)	**ücret**	ildj-**ret**

Português	Turco	Pronúncia
ponto de ônibus	**otobüs durağı**	*o-to-bils du-ra-u*
táxi	**taksi**	*tak-si*
terminal rodoviário	**otogar**	*o-to-gar*

No Hotel

Tem quarto disponível?	**Boş odanız var mı?**	*bosh o-da-nuz var mâ?*
quarto para dois	**iki kişilik bir oda**	*i-ki ki-shi-lik bir o-dá*
quarto com duas camas de solteiro	**çift yataklı bir oda**	*tchift ia-tak-liu bir o-da*
quarto individual	**tek kişilik**	*tek ki-shi-lik*
quarto com banheiro	**banyolu bir oda**	*bâ-nio-lu bir o-da*
chuveiro	**duş**	*dúshi*
carregador	**komi**	*ko-mi*
chave	**anahtar**	*a-ná-tar*
serviço de quarto	**oda servisi**	*o-da ser-vi-si*
Eu tenho reserva	**Rezervasyonum var**	*ré-zer-vas-yo-num var*

No Restaurante

Quero fazer uma reserva	**Bir masa ayırtmak istiyorum**	*bir ma-sa ai-urt-mak is-ti-yo-rum*
A conta, por favor	**Hesap lütfen**	*hé-sap lült-fen*
Sou vegetariano	**Et yemiyorum**	*et yé-mi-yo-rum*
restaurante	**lokanta**	*lo-kan-ta*
garçom	**garson**	*gar-son*
menu	**menü**	*men-oo*
café da manhã	**kahvaltı**	*ká-val-tâ*
almoço	**öğle yemeği**	*ur-lé yé-mé-i*
jantar	**akşam yemeği**	*ak-sham yé-mé-i*
entrada	**meze**	*mé-zé*
prato principal	**ana yemek**	*a-na yé-mek*
sobremesa	**tatlı**	*tat-lú*
malpassado	**az pişmi**	*az pish-mish*
bem-passado	**iyi pişmi**	*i-yi pish-mish*
copo	**bardak**	*bar-dak*
garrafa	**şişe**	*shi-shé*
faca	**bıçak**	*bâ-tchak*
garfo	**çatal**	*tcha-tal*
colher	**kaşık**	*ka-shâk*

Interpretando o Cardápio

bal	*bal*	mel
balık	*ba-lik*	peixe
bira	*bi-ra*	cerveja
bonfile	*bon-fi-lé*	filé
buz	*buz*	gelo
çay	*tchai*	chá
çilek	*tchi-lek*	morango
çorba	*tchor-ba*	sopa
dana eti	*da-na é-ti*	vitela
dondurma	*don-dur-ma*	sorvete
ekmek	*ek-mek*	pão
elma	*el-ma*	maçã
et	*et*	carne
fasulye	*fa-sul-yé*	feijão
fırında	*fâ-rân-da*	assado
fıstık	*fâs-tâk*	pistache
gazoz	*ga-zoz*	gaseificado
hurma	*hur-ma*	tâmara
içki	*itch-ki*	álcool
incir	*in-djir*	figo
kahve	*ká-vé*	café
kara biber	*ka-ra bi-ber*	pimenta-do-reino
karışık	*ka-râ-shâk*	misto
karpuz	*kar-puz*	melancia
kavun	*ka-vun*	melão
kayısı	*kai-a-sâ*	damasco
kaymak	*kai-mak*	creme
kıyma	*kây-ma*	carne moída
kızartma	*kâ-zart-ma*	frito
köfte	*kurf-té*	kafta
kuru	*ku-ru*	seco
kuzu eti	*ku-zu é-ti*	carneiro
lokum	*lo-kum*	doce turco
maden suyu	*ma-den su-yu*	água mineral (com gás)
meyve suyu	*mei-vé su-yu*	suco de fruta
midye	*mid-yé*	mexilhão
muz	*muz*	banana
patlıcan	*pat-lâ-djan*	berinjela
peynir	*pei-nir*	queijo
pilav	*pi-lav*	arroz
piliç	*pi-lich*	frango assado
şarap	*sha-rap*	vinho
sebze	*seb-zé*	verduras/legumes
şeftali	*shef-ta-lé*	pêssego
şeker	*shé-ker*	açúcar
su	*su*	água
sütlü	*sült-liu*	com leite
tavuk	*ta-vuk*	frango
tereyağı	*té-ré-ya-â*	manteiga
tuz	*tuz*	sal
üzüm	*il-zium*	uva
yoğurt	*yó-urt*	iogurte
yumurta	*yu-mur-ta*	ovo
zeytin	*zei-tin*	azeitona
zeytinyağı	*zei-tin-ya-â*	azeite

Números

0	**sıfır**	*si-fir*
1	**bir**	*bir*
2	**iki**	*i-ki*
3	**üç**	*iltch*
4	**dört**	*durt*
5	**beş**	*besh*
6	**altı**	*al-tâ*
7	**yedi**	*yé-di*
8	**sekiz**	*sé-kéz*
9	**dokuz**	*dó-kuz*
10	**on**	*on*
11	**on bir**	*on bir*
12	**on iki**	*on i-ki*
13	**on üç**	*on iltch*
14	**on dört**	*on durt*
15	**on beş**	*on besh*
16	**on altı**	*on al-tuh*
17	**on yedi**	*on yé-di*
18	**on sekiz**	*on sé-kiz*
19	**on dokuz**	*on dó-kuz*
20	**yirmi**	*yir-mi*
21	**yirmi bir**	*yir-mi bir*
30	**otuz**	*ô-tuz*
40	**kırk**	*kârk*
50	**elli**	*é-li*
60	**altmış**	*alt-miush*
70	**yetmiş**	*yet-mish*
80	**seksen**	*sek-sen*
90	**doksan**	*dok-san*
100	**yüz**	*yilz*
200	**iki yüz**	*i-ki yilz*
1.000	**bin**	*bin*
100.000	**yüz bin**	*yiuz bin*
1.000.000	**bir milyon**	*bir mil-yon*

Tempo

um minuto	**bir dakika**	*bir da-ki-ka*
uma hora	**bir saat**	*bir sa-at*
meia hora	**yarım saat**	*ya-râ sa-at*
dia	**gün**	*guiun*
semana	**hafta**	*haf-ta*
mês	**ay**	*ai*
ano	**yıl**	*yâl*
segunda-feira	**pazartesi**	*pa-zar-té-si*
terça-feira	**salı**	*sa-lâ*
quarta-feira	**çarşamba**	*char-sham-ba*
quinta-feira	**perşembe**	*per-shem-bé*
sexta-feira	**cuma**	*dju-ma*
sábado	**cumartesi**	*dju-mar-té-si*
domingo	**pazar**	*pa-zar*

Índice de Ruas

Rua	Ref
Ağa Hamamı Sokağı	K5
Akbıyık Caddesi	R5
Akbıyık Değirmeni Sokağı	R6
Akdeniz Caddesi	C4
Aksakal Sokağı	Q6
Akşemsettin Caddesi	C3
Alaca Hamam Caddesi	P2
Alayköşkü Caddesi	R3
Alemdar Caddesi	L4
Amiral Tafdil Sokağı	R6
Ankara Caddesi	Q2
Arapzade Ahmet Sokağı	M6
Arasta Çarşısı	R5
Arslan Sokağı	J4
Aşir Efendi Caddesi	P2
Asma Kandil Sokağı	N4
At Meydanı Sokağı	Q5
Atatürk Bulvarı	D5
Ayan Sokağı	K2
Ayasofya Meydanı	R4
Bab-ı Ali Caddesi	Q4
Babihümayun Caddesi	R4
Bahriye Caddesi	F1
Bakırcılar Caddesi	M3
Balat Vapur İskelesi Caddesi	L2
Bali Paşa Yokuşu	M5
Bankacılar Sokağı	P1
Besim Ömer Paşa Caddesi	M3
Boğaziçi Köprüsü Çevre Yolu	A1
Boğazkesen Caddesi	K6
Boyacı Ahmet Sokağı	P4
Büyük Haydar Efendi Sokağı	M4
Büyük Postane Caddesi	Q2
Büyük Selim Paşa Caddesi	Y4
Çadırcılar Caddesi	N3
Caferiye Sokağı	R4
Cağaloğlu Yokuşu	Q3
Çakmakçılar Yokuşu	N3
Camii Meydanı Sokağı	P1
Cankurtaran Caddesi	R6
Çatal Çeşme Sokağı	Q4
Çavuşdere Caddesi	Y3
Cemal Nadir Sokağı	Q3
Cibali Caddesi	D3
Çiçek Pazarı Sokağı	P2
Çifte Gelinler Caddesi	M5
Çırçır Caddesi	D4
Cumhuriyet Caddesi	Y2
Darüşşaf Aka Caddesi	C3
Defterdar Yokuşu	K6
Demir Hisar Caddesi	K1
Divanyolu Caddesi	Q4
Doğancılar Caddesi	W3
Dönmedolap Sokağı	X4
Dr Eyüp Aksoy Caddesi	Y5
Draman Caddesi	J2
Ebussuut Caddesi	Q3
Emin Sinan Hamamı Sokağı	N5
Eski Çiçekçi Sokağı	J5
Eski Toptaşı Caddesi	Y4
Evliya Çelebi Caddesi	F2
Fenerli Kapı Sokağı	R6
Fethiye Caddesi	K3
Fetva Yokuşu Sokağı	M1
Fevzi Paşa Caddesi	J3
Fuat Paşa Caddesi	M2
Gedikpaşa Caddesi	N5
Gedikpaşa Camii Sokağı	N4
Gevgili Sokağı	K2
Hakimiyeti Milliye Caddesi	X3
Haliç Caddesi	D2
Hamalbaşı Caddesi	J4
Hamidiye Caddesi	Q2
Harem Sahil Yolu	W5
Hasır Cılar Caddesi	N1
Hattat İzzet Sokağı	D3
Haydar Caddesi	D3
Hoca Çakır Caddesi	J2
Hoca Hanı Sokağı	P2
Horhor Caddesi	D4
Hüdavendigar Caddesi	R2
Hükümet Konağı Sokağı	Q3
İbadeth Ane Sokağı	D4
İbni Kemal Caddesi	Q2
İbrahim Paşa Yokuşu	M5
İmran Öktem Caddesi	Q5
İnönü Caddesi	H1
İshak Paşa Caddesi	S5
İslambol Caddesi	C3
İsmetiye Caddesi	N2
İstanbul-Ankara-Devlet Yolu	X6
İstasyon Arkası Caddesi	R2
İstiklal Caddesi	K5
İtfaiye Caddesi	D4
Kabasakal Caddesi	R5
Kadırga Limanı Caddesi	N5
Kadir Has Caddesi	D2
Kalpakçılar Başı Caddesi	N4
Karacaoğlan Sokağı	X2
Kasımpaşa Hasköy Caddesi	D1
Katip Sinan Camii Caddesi	P5
Kemeraltı Caddesi	F3
Kennedy Caddesi	S6
Keresteci Hakkı Sokağı	R6
Kesme Kaya Caddesi	J2
Kılıçcılar Sokağı	P3
Kırımı Çeşme Sokağı	B1
Klod Farer Caddesi	P5
Küçük Langa Caddesi	D6
Kulaksız Caddesi	E1
Kumbaracı Yokuşu	J6
Kumrulu Yokuşu	L5
Kürkçü Çeşmesi Sokağı	K2
Kurt Ağa Çeşmesi Caddesi	J3
Liva Sokağı	L5
Macar Kardeşler Caddesi	C3
Mahmutpaşa Yokuşu	P3
Manyasızade Caddesi	K3
Meclisi Mebusan Caddesi	H1
Melez Sokağı	E1
Mercan Caddesi	N3
Meşrutiyet Caddesi	J5
Mimar Kemalettin Caddesi	Q2
Mimar Mehmet Ağa Caddesi	R5
Mimar Sinan Caddesi	M1
Mıthat Paşa Caddesi	M4
Muradiye Caddesi	Q2
Mürsel Paşa Caddesi	L2
Mustafa Kemal Caddesi	D6
Nakil Bent Sokağı	Q6
Necatibey Caddesi	H2
Nuh Kuyusu Caddesi	Y4
Nuruosmaniye Caddesi	P4
Nuruosmaniye Sokağı	P4
Okçu Musa Caddesi	F2
Okçular Başı Caddesi	M4
Ömer Hayyam Caddesi	J4
Ord Prof Cemil Bilsel Caddesi	N1
Ördekli Bakkal Sokağı	M6
Ordu Caddesi	M4
Örücüler Caddesi	N2
Oyuncu Sokağı	R6
Özbekler Sokağı	P5
Paşa Hamamı Sokağı	J2
Paşa Limanı Caddesi	Y1
Pertev Paşa Sokağı	N5
Peykhane Caddesi	P4
Piyerloti Caddesi	P5
Prof Kazım İsmail Gürkan Caddesi	Q3
Prof Sıddık Sami Onar Caddesi	M2
Püskülcü Sokağı	K1
Ragıp Gümüşpala Caddesi	E3
Rami Kışla Caddesi	A1
Refik Saydam Caddesi	J5
Reşadiye Caddesi	Q1
Sabuncu Hanı Sokağı	P2
Sabunhanesi Sokağı	M1
Şadırvan Sokağı	S6
Şahkulu Bostanı Sokağı	J6
Sahne Sokağı	J4
Saka Mehmet Sokağı	P2
Sakızağacı Caddesi	K4
Salma Tomruk Caddesi	J3
Sancaklar Sokağı	L3
Savaklar Caddesi	J1
Şehit Mehmet Paşa Yokuşu	P5
Şehzade Başı Caddesi	D4
Selami Ali Caddesi	Y2
Selmanıpak Caddesi	Y2
Şeref Efendi Sokağı	Q1
Sıraselviler Caddesi	L5
Şişhane Caddesi	J1
Sobacılar Caddesi	P1
Soğukçeşme Sokağı	R4
Somuncu Sokağı	L5
Su Terazisi Sokağı	Q5
Süleymaniye Caddesi	M2
Sultan Çeşme Caddesi	J2
Sultan Mektebi Sokağı	P3
Sunullah Efendi Sokağı	K1
Tahmis Caddesi	P1
Tak-i Zafer Caddesi	L4
Tarakçılar Caddesi	N3
Tarlabaşı Caddesi	L4
Tatlıcı Sokağı	J2
Tavaşi Çeşme Sokağı	M5
Tavu Khane Sokağı	Q5
Taya Hatun Sokağı	R2
Tersane Caddesi	F3
Terzihane Sokağı	Q5
Tibbiye Caddesi	Y5
Ticarethane Sokağı	Q4
Tiyatro Caddesi	M5
Tomtom Kaptan Sokağı	K6
Topkapı-Edirnekapı Caddesi	B2
Tüccarı Caddesi	D6
Tülcü Sokağı	N5
Tunus Bağı Caddesi	X4
Turabi Baba Sokağı	E2
Türbedar Sokağı	P4
Türkeli Caddesi	E6
Türkgücü Caddesi	K6
Türkocağı Caddesi	Q3
Turnacıbaşı Sokağı	K5
Üçler Sokağı	P5
Uncular Caddesi	X2
Üniversite Caddesi	M3
Üsküdar Sahil Yolu	W1
Üsküdar-Harem Sahil Yolu	W4
Uzunçarşı Caddesi	N2
Vakıf Hanı Sokağı	P2
Vasıf Çınar Caddesi	N2
Vatan Caddesi	B3
Vezirhanı Caddesi	P4
Vezneciler Caddesi	E5
Vodina Caddesi	L2
Voyvoda Caddesi	F3
Yağlıkçılar Caddesi	N3
Yalı Köşkü Caddesi	Q1
Yavuz Selim Caddesi	C3
Yeni Camii Caddesi	P2
Yeni Çarşı Caddesi	K5
Yeni Devir Sokağı	M4
Yeniçeriler Caddesi	N4
Yerebatan Caddesi	R4
Yıldırım Caddesi	L2
Yolcuzade İskender Caddesi	F2
Yolgeçen Bostanı Sokağı	B4
Zeynep Sultan Camii Sokağı	R4
Zülüflü Sokağı	K2